Petra Angelika Peic

AF192263

Wiedergeburt

Eine Reise in frühere Erdenleben

An authentischen Protokollen erleben Sie, wie
Gerika das Menschsein durch viele Wiederge-
burten verstehen lernt.
Der Bericht ihrer Rückführung wird ergänzt durch
eine Einführung in Spirituelle Psychologie und
Reinkarnationsarbeit.

Herstellung:
   Books on Demand GmbH, Norderstedt
   ISBN 3-8311-2681-X

Petra Angelika Peick

Wiedergeburt

Eine Reise in frühere Erdenleben

Inhalt

I. Teil

Wiedergeburt

Eine Reise in frühere Erdenleben

Prolog

März 1975. Die Frühlingssonne sendet ihre wärmenden Strahlen auf die frosterstarrte Erde. Ein stiller Nachmittag. Ich sitze in einem Sessel am Fenster und höre eine neue Schallplatte mit Klaviermusik von Frederic Chopin leise im Hintergrund. Das Buch, in dem ich lese, beschäftigt sich mit psychologischer Statistik. Immer wieder schaue ich auf und blicke in den Garten und auf das dahinter liegende offene Feld. Der alte verschmutzte Schnee in den Furchen glitzert im Sonnenlicht.

Plötzlich ergreift mich ein sonderbares Gefühl. Etwas hat sich verändert. Die Klaviermusik, die soeben noch ganz leise geklungen hat, bekommt einen intensiven, durchdringenden Charakter. Sie erfüllt den ganzen Raum.

Ohne es bemerkt zu haben, muss ich wohl aufgestanden sein. Ich fühle nun, wie ich am Fenster stehe; meine rechte Hand drückt gegen die kalte Scheibe, an der die Regentropfen hinunter laufen. Durch die Tropfen hindurch blicke ich auf das nasse Kopfsteinpflaster einer engen Gasse.

Ein Paar kommt schnellen Schrittes um die Straßenecke. Die Dame trägt ein Kostüm mit einem langen Rock und altertümliche schwarze Stiefeletten. Der Herr ist mit einem langen Gehrock, Gamaschen und Zylinder bekleidet. Er trägt ihren Rüschenschirm und schützt sie vor dem unaufhörlich herabfallenden Regen. Sie hasten vorbei.

Im gegenüberliegenden Fachwerkhaus ist der Vorhang vor das Fenster gezogen. Daran merke ich, dass es Sonntag ist. An Werktagen sieht man dort einen Uhrmacher seiner Arbeit nachgehen. Ich spüre ein Bedauern – es hätte mir die Zeit leichter gemacht, ihm zuzusehen. Die Langeweile der langsam verrinnenden Zeit liegt bedrückend auf mir. Eine Kutsche mit zwei dunklen Pferden kommt durch die Gasse. Ich höre das vertraute Knirschen der Räder und das Schlagen der Hufe auf dem Pflaster.

Langsam wende ich mich in den Raum zurück. Im Dämmerlicht sehe ich einen Mann an einem Flügel sitzen. Er spielt diese wunderschöne Musik. Es schmerzt mich, sie anzuhören, obgleich mir ihr Klang tröstlich vertraut ist. Doch sie nimmt diesen Mann, meinen Vater, ganz gefangen. Er hat keinen Blick für mich, auch wenn er jetzt in meine Richtung schaut. Ich würde ihm gern zeigen, wie sehr ich ihn liebe, würde gern ganz nahe bei ihm sitzen. Aber meine Gesten erreichen ihn nicht.

Ich erinnere mich an die Puppe, die ich im linken Arm trage. Sie ist kein Ersatz – mit ihm würde ich gerne spielen! Enttäuscht setze ich sie in einen Schaukelstuhl. Jetzt fällt mir ein, dass ich etwa zehn Jahre alt bin. Wir wohnen in Berlin.

Mit einem letzten Blick auf den Pianisten gehe ich zur Tür und drücke die Klinke. Er bemerkt kaum, dass ich den Raum verlasse ...

Werden wir wiedergeboren?

Meine Vision traf mich völlig unvorbereitet. Es war die erste einer langen Folge von Bild- und Gefühlserfahrungen, die mich in andere Zeiten zurückführten. Ich wusste damals von Wiedergeburt nur, dass die Inder daran glauben. Mit mir hatte das nichts zu tun, meinte ich, und so glaubte ich an jenem Märztag, dass meine Phantasie mit mir durchgegangen sei.

Jedoch wurde ich bald darüber belehrt, dass es hierbei um viel mehr ging als um Träumereien. Die gleiche Musik rief jedes mal die gleichen Eindrücke in mir hervor. Ich konnte sie weder willkürlich im Ablauf ändern noch die Gefühle abschütteln, die mich dabei ergriffen. Im Gegenteil: die Bilder wurden immer eindringlicher und plastischer, und nach und nach kamen viel Details aus dem Leben des kleinen Mädchens in mein Bewusstsein. Die allmähliche Bewusstwerdung ihrer Lebensgeschichte zog sich über etwa vier Jahre hin und öffnete mir ein neues Verständnis des menschlichen Lebensweges. Das Sonderbarste an diesen Erlebnissen aber war die Gewissheit: Das habe **ich** erlebt!

Die Erschütterung, die diese Visionen in mir wachgerufen hat, sind mit Worten nicht zu beschreiben. Sie veränderten mein Bild von mir selbst grundlegend und führten zu vollkommen anderen Einstellungen zum Leben und zum Leiden.

Mein Denken hat sich seither in einen unbeschreiblich weiten Bewusstseinsraum ausgedehnt. Meine geistige Wahrnehmungs- und Erkenntnisfähigkeit ist raum- und zeitlos geworden; sie überschreitet irdische Lebensbedingungen und reicht in kosmische Dimensionen. Ich gewann die Fähigkeit metaphysischer Kommunikation mit geistigen Wesen, die im spirituellen Raum als Lichtgestalten erscheinen.

Diese Entwicklung ist in einem atemberaubenden Tempo vor sich gegangen. Heute ist mir bewusst, dass es lediglich die Wiederholung von Lektionen gewesen ist, die ich in anderen Leben bereits gelernt hatte. Es war die Wiederentdeckung eines alten Wissens und eigener Fähigkeiten, die wachgerufen und mir erneut zur Verfügung gestellt wurden.

Im äußeren Leben habe ich nach einer kaufmännischen Tätigkeit ein Sozialpädagogik- und ein Psychologiestudium abgeschlossen. Meine spirituelle Entwicklung verlief ohne einen Lehrer. Bis auf wenige Kurse habe ich keine spirituelle Schulung erhalten: und selbst in diesen Fällen kam ich immer erst dann in die Kurse hinein, wenn mir das Thema durch innere Arbeit bereits bekannt war.
Ebenso erging es mir mit Büchern. Sie fielen mir erst dann in die Hände, wenn ich ihren Inhalt bereits selbst erarbeitet hatte. Die Lehrer und Berater, die ich um Hilfe fragte, schickten mich ohne Antwort fort oder baten mich ihrerseits um Rat. Ich habe jahrelang sehr darunter gelitten, niemanden fragen zu können, wenn ich in Bedrängnis war. Durch die Botschaft eines Mediums erfuhr ich den Grund dieser Zurückweisung: „Frage niemanden – du erkennst alles aus dir selbst, was du wissen willst!"
Nach dieser Nachricht gab ich es auf, einen Lehrer zu suchen, und ich legte die Bücher fort. Meine Unterrichtung vollzog sich im Schlaf. Ich nahm an spirituellen Schulungen teil, aus denen ich oft mit Erinnerungsresten erwachte. Ich „hörte" die letzten Worte einer Unterweisung, die mir jemand erteilte, den ich nur undeutlich wahrnahm. Manchmal erwachte ich nachts und empfing in völliger Bewusstheit klare Eingebungen und Erklärungen auf meine inneren Fragen.

Inzwischen kann ich jederzeit Wissen aus geistigen Quellen abrufen und in meiner Arbeit anwenden. Ich unterrichte Menschen darin, ihre eigenen Bewusstseinskräfte zu entwickeln und in ihrem persönlichen und beruflichen Leben anzuwenden.

Dieses Buch gibt Ihnen die Möglichkeit, an einer **Spirituellen Schulung** mit Reinkarnations-Rückführungen teilzunehmen. An authentischen Protokollen erleben Sie, wie **Gerika** das Menschsein durch viele Wiedergeburten verstehen lernt.

Viele meiner Schüler haben ähnliche Erfahrungen gemacht wie Gerika, und es ist schwierig für mich, sachlich richtig und verstehbar zu beschreiben, wie ein solcher Entwicklungs- und Erkenntnisprozess verläuft. Das Erlebte ist aus der Beobachterperspektive selten ganz zu begreifen, und gerade innere Erfahrungen, die über das Persönliche hinausgehen, können kaum nacherzählt werden. Um ein wirkliches Verständnis von Erkenntnisvorgängen im überbewussten Zustand gewinnen zu können, muss man ähnliches wohl selbst erfahren haben.

Manches von dem, was Gerika schildert, ist mir aus eigener Anschauung bekannt, anderes entspricht Berichten meiner Schüler; aber vieles ist auch ganz individuelle Betrachtung und Erlebtes von Gerika. Ich möchte Ihnen das Urteil darüber, was Wahrheit ist, nicht abnehmen, sondern Sie an dem Erfahrungsweg teilhaben lassen, auf dem ich Gerika begleitet habe.

Die Protokolle sind ein Geschenk von Gerika an die Menschen. Sie möchte ihre Erfahrungen mitteilen, um vielleicht einigen zu helfen, die Augen für die jenseitige Welt zu öffnen. Bitte begleiten Sie Gerika durch ihre innere Welt, verfolgen Sie offen, was sie erlebte, und versuchen Sie, in sich zu spüren, wie Sie durch diese Erlebnisse berührt werden. Ihre eigenen Gefühle weisen Ihnen den Weg zu Ihrer Wahrheit.

Als Gerika zu mir kam (1981) war sie knapp dreißig Jahre alt und hatte schon einen längeren Weg des Suchens nach sich selbst hinter sich. Sie hatte in Lebensgemeinschaften gewohnt, deren Mitglieder einen gemeinsamen geistigen Weg miteinander beschreiten wollten. Sie war in Findhorn gewesen, hatte dort gelernt, geistig zu schauen, und sie bemühte sich, einen Beruf zu finden, den sie nach spirituellen Prinzipien ausüben konnte. So war sie schon sehr gut auf die Schulung vorbereitet, als sie zu mir kam Das wahr wohl auch der Grund dafür, dass die Sitzungen mit Gerika so schnell in geistige Bereiche führten, die sich sonst nur selten und dann nach längerer vorbereitender Arbeit mit einem Schüler erreichen lassen. Ihre Sprache war so einfach und klar, und ich denke, dies macht es dem Leser leicht, ihre innere Situation zu erfassen.

Es war ungewöhnlich, wie Gerika sich selbst Fragen stellte und sich konzentriert bemühte, den roten Faden ihrer Erlebnisse zu verfolgen. So ergaben sich an den aufeinanderfolgenden Tagen Fortsetzungen begonnener Geschichten, die zu einem vollständigen Erfahrungsbericht wurden. Ich protokollierte die Sitzungen stenographisch. Der Wortlaut entspricht Gerikas Ausdrucksweise; einige Übergänge habe ich so verändert, dass der Text leichter lesbar wird. Es handelt sich dabei um Umstellungen von Satzteilen und Umformulierungen, damit Sie nicht durch langatmige Wiederholungen und unklare Wendungen ermüdet werden.

An einer Stelle erschien es mir wegen des besseren Verständnisses sinnvoll, Sitzungen hintereinander zu stellen, die nicht direkt nacheinander stattgefunden haben. Eine Sitzung wurde ganz ausgelassen, da der Inhalt für die Gesamterfahrung unwesentlich ist.

Wenn Sie an Gerikas Erlebnissen offen und aufmerksam teilnehmen, werden Sie manches verständlich, anderes unglaublich oder sogar absurd finden. Auch Gerika wunderte sich nach den Sitzungen oft über den Inhalt der Bilder und erschrak manchmal sogar.

Sie selbst fragte mich oft, was ich denn davon hielte und ob das alles wohl wahr sei. Wie soll ist das beantworten?

Es gibt zwei wesentliche Grundhaltungen, mit denen man den Erfahrungen des Lebens begegnen kann: kritisch-vernünftig oder vertrauensvoll-glaubend. Wir leben in einem Zeitalter der Kritiksucht und Rationalität, in dem der Glaube den Anstrich von Naivität und Dummheit hat.

Ich meine, die Fähigkeit, glauben und vertrauen zu können, ist eine wichtige menschliche Qualität, die keiner Rechtfertigung bedarf. Und zu aller erst betrifft sie den Glauben an sich selbst und die eigene Betrachtung der Wirklichkeit.

Wer sich nicht einmal selbst trauen kann – wem sollte er trauen? Die Urteile des Menschen sind so vielfältig wie ihre Verschiedenheit. Und das ist auch gut so. Es zeigt uns, dass auch zwei gegensätzliche Auffassungen von einer Angelegenheit wahr sein können – nur die Standpunkte, von denen aus sie betrachtet wird, sind so unterschiedlich, dass der Gegensatz entsteht.

Deshalb: Ich weiß ebenso wenig wie Sie, ob all das wahr ist, was Gerika berichtet. Wenn es eine objektive Wahrheit ist, werden Gerika, Sie und ich es eines Tages ganz sicher wissen.

Menschen, die sich auf Rückführungen in frühere Leben einlassen, suchen nach einem inneren Verständnis ihres Lebens und ihrer Lebensumstände. Sie sind manchmal auch Heil-Suchende im religiösen Sinn: Suchende nach sich selbst und Gott. Der Selbsterkenntnisweg über die Rückführungen in vergangene Erlebnisse ist eine beschwerliche Arbeit, die manchmal auch körperliche Beschwerden aufklärt und lindert. Häufig stellt die Bewusstseinserweiterung den Menschen aber vor neue Aufgaben und Probleme, so dass man von Rückführungen nicht erwarten sollte, dass ein leidensfreier Zustand erreicht werden kann.

Den Protokollen folgt eine Darstellung der theoretischen Grundlagen Spiritueller Psychologie und meiner Arbeitsweise. Ich stelle darin meine persönliche Auffassung von Spiritueller Psychologie dar und beziehe mich dabei auf die Ideenlehre Platons.

Die Theorie bleibt in diesem Rahmen kurz gefasst und ist daher unvollständig und fragmentarisch. Sie soll lediglich anschaulich machen, worum es in Spiritueller Psychologie geht.

"Gerika - ein Engel fiel herab" erschien 1982-83 im Selbstverlag (1000 Exemplare). 1987/88 veröffentlicht der H. Bauer Verlag die Protokolle mit einer theoretischen Ergänzung unter dem Titel "Wiedergeburt - Eine Reise in frühere Erdenleben" mit einer Auflage vom 10.000 Exemplaren. Seitdem der Titel vergriffen ist, wurde ich fast wöchentlich von Lesern angerufen, die ihre tiefe Berührung über das Buch ausdrückten und mich nach einer Neuauflage fragten, um es anderen geben zu können. Ich freue mich daher sehr, dass ich eine in den Teilen II und III überarbeitete und erweiterte Fassung jetzt wieder zur Verfügung stellen kann.

An dieser Stelle möchte ich allen sichtbaren und unsichtbaren Helfern danken, die mich bei der Neufassung des Buches unterstützt haben. Ich danke Lothar für die ständige Unterstützung meiner Arbeit und für die Gestaltung des Covers und Layouts und Nicola für die Hilfe bei der Erstellung des Manuskriptes. Mein besonderer Dank gilt Gerika für ihre Erlaubnis, ihre Erfahrungen zu veröffentlichen. Ihr Geschenk an die Menschen wurde von ihnen dankbar angenommen und ist für viele zum Wegweiser geworden.

Hamburg im August 2001   Petra Angelika Peick

Dieses Buch wird sicher Fragen offen lassen. Wenn Sie mir schreiben wollen, werde ich gern auf Ihre Fragen eingehen.

Postfach 201325, 20203 Hamburg

Online
www.papeick.com
E-mail: info@papeick.com

Gerika – ein Engel fiel herab

Protokolle einer Wiedergeburtserfahrung

Erste Sitzung

Es ist ein kalter Februartag, als sich in meiner psychologi-
schen Praxis die junge Frau einfindet, die ich nun vier
Wochen lang auf ihrer Suche nach sich selbst begleiten
soll. Ihre Augen haben einen verschleierten, fast abwei-
senden Ausdruck, ihre Gesten wirken müde, aber sie sagt,
dass sie sich sehr gefreut habe, hierher zu kommen. Sie
ist aufgeregt wie jeder, der sich auf den schwierigen Weg
nach innen aufmacht – schließlich wissen weder sie noch
ich genau, wohin es uns führen wird.
Da ist die Angst, sich selbst sehen zu müssen, wie sie
wirklich ist, ohne die Masken, die sie noch vor der Welt
trägt. Sie wird sich zurechtfinden müssen mit der eigenen
Wahrheit, die sie bisher vor sich selbst so gut zu verber-
gen gewusst hat. Und – wenn das erreicht ist – wird sie
neu werden, wird anders handeln müssen als bisher und
sich den Menschen mit ihrem wahren Gesicht zeigen.
Ob die anderen sie verachten werden? Kann sie meines
Verständnisses und meiner Unterstützung sicher sein?
Alles ist ungewiss in dieser ersten Stunde, und es ist nicht
leicht, sich ganz einzulassen auf sich selbst. Ich bin bereit,
dieser Frau zu helfen, die jetzt wie ein Kind wirkt, ein Kind,
das wachsen will, auch wenn es schmerzhaft ist. Aber ich
kann ihr die Schmerzen im Ringen um sich selbst nicht
erleichtern. Im Gegenteil – ich muss sie an den Kummer
und die ungelösten Fragen ihres Daseins heranführen,
muss sie konfrontieren mit der schweren Verantwortung,
für sich selbst einzustehen. Mein Handwerkszeug sind die
Erfahrungen, die ich auf meinem eigenen inneren Weg
gesammelt habe, meine spirituelle Schulung und die Liebe
für die Menschen, die den Mut haben, nach ihrer Wahrheit
zu suchen.

Wir sprechen eine Zeitlang über ihre Konflikte mit dem Leben und sich selbst. Dann legt sie sich auf die Liege, und ich spreche einen Text von etwa zehn Minuten, der dazu führen soll, dass sie sich ruhig und entspannt von ihren alltäglichen Gedanken lösen kann. Die Außeneindrücke werden durch eine leise Musik und entsprechende Worte reduziert: so kann sie sich ganz auf die inneren Gefühlszustände und Vorstellungen konzentrieren.

Dann fordere ich sie auf, sich auf ihren gegenwärtigen Zustand zu besinnen, um ihre eigene Situation und sich selbst als eine Blume zu sehen. Die Frau beginnt, diese Blume zu schildern:

„Ich sehe dunkle grüne kleine Ranken, kleine grüne Blätter in einer Ranke, und in der Mitte ist eine weiße Blüte mit vier runden Blättern. Sie liegt ganz tief und flach auf dem Boden. Um die Blüte herum liegen die Blätter, sie verdecken die Blüte halb.

Viele Mauern sind drum herum, rote Mauern ohne Fenster, wie Backsteine. Sie haben oben quadratische Zacken. Da kommt ein Vogel und setzt sich auf einen Zacken und sieht herunter. Die Blüte ist so weit unten!" (Sie beginnt zu weinen.) **„Die Pflanze ist so eingesperrt und kann nur hochgucken und den Himmel sehen, nicht nach rechts und links. Und der Vogel ist auch so weit weg! Sie ist ziemlich allein dort eingesperrt. Da ist noch Gras, und ein paar grüne Gewächse stehen in den Ecken, aber es ist irgendwie einsam wie ein Grab. Die Sonne kommt dorthin, ja, sie kommt und geht wieder. Es ist genug Platz da.**

Die Wurzeln sind so fein und verzweigt, aber sie mögen nichts richtig. Die Wurzeln mögen die Erde nicht. Sie ist nicht so fruchtbar, etwas sandig. Die Nahrung kommt durch die grünen Blätter. Es ist, als wollen die grünen Blätter die weiße Blüte verdecken, also .... sie verstecken. Eher verstecken, nicht schützen. Als ob die Blüte sagt: >Was soll ich hier allein, wenn mich keiner sieht .... ?<

Der Blütenkopf ist schöner. Die Blüte möchte die Wurzeln heraus ziehen. Die Wurzeln halten mich hier fest in dem Gefängnis, ich kann nichts sehen außer den Mauern. Ich will dahinter schauen. Es ist ja wie ein Friedhof! Aber ich habe keinen Frieden darin. Es ist wie Warten, wie eine Wartezeit, in der nichts passiert.

Es war gerade so, dass ich mir überlegt habe, ob ich da herauswachsen kann, an der Mauer aufwärts. Das dauert aber sehr lange! Die Wurzeln müssen tiefer in die Erde hinein. Es ist die Frage, ob sich das lohnt, weil ich nicht weiß, ob ich das schaffen kann. Die Wände sind so hoch! Es kommt mir so vor, als ob in der Erde auch Feinde sind. Wenn die Wurzeln tiefer hinein reichen, vielleicht würden sie dann angenagt ....

Ich weiß, dass von außen keine Hilfe kommt, und um die Mauern zu zerstören, dazu bin ich zu schwach. Es ist ungerecht, dass die da sind! Die Mauern sagen: >Du sollst da bleiben. Du hast es nicht anders verdient. Du warst schlimm!< Und deshalb habe ich nun einen schlechten Platz bekommen, deshalb ist mir meine Kraft genommen worden. Nur, ich möchte die Mauern gewaltsam zerstören. Aber das geht nicht.

Ich habe Angst davor, tiefer in die Erde zu wachsen und hochzuranken. Die Angst kennst du nicht. Wenn ich draußen bin, dann tue ich vielleicht etwas Schlechtes. Ich muss zuerst bereuen, aber ich weiß nicht was. Es fällt mir nicht ein ..... Ich muss erst den Fluch zurücknehmen und das Gift ..... Ich habe jemanden vergiftet. Wie kann ich das erkennen?

Die Blüte ist nicht giftig, sie ist ganz schön. Es ist aber, als ob die grünen Blätter ...... als ob da Insekten gefangen werden. Igitt! Nur um Nahrung zu bekommen! Das ist schrecklich. Mir fällt einfach so ein: Tod und Teufel! Wenn die Blätter sich schließen und die Insekten schnappen, erhalten sie Kraft dadurch. Die Wurzeln sind dann nicht so nötig. Und die Blüte sagt: >Ich bin unschuldig<. So, also ob sie keine Verbin-

dung zu dem hat, was die Blätter machen. Sie sagt: >Ich kann aber nichts dafür!<

Bei dieser Symboldarstellung als Blume taucht in meiner Schülerin großes Schuldgefühl auf. Sie hat die Ahnung, etwas Schlimmes getan zu haben. Sie weigert sich, zu wachsen und sich über die Grenzen ihres bisherigen Gesichtskreises auszudehnen, weil sie sich vor Kräften in sich selbst fürchtet, die zerstörend wirken könnten. Sie fühlt sich in einem einsamen Gefängnis eingesperrt, hat Sehnsucht, zum Licht aufzusteigen, wagt aber nicht, diesem Wunsch nachzugeben.

Diese erste Sitzung zeigt in dem Symbol die wesentliche Fragestellung in ihrem Leben an. In der letzten Sitzung werden wir dieses Thema wieder aufgreifen, um zu sehen, ob sie sich nach unserer gemeinsamen Arbeit besser versteht und Lösungen für ihre Fragen gefunden hat.

Zweite Sitzung

Als ich sie frage, welches Bild von selbst in ihr auftauche, lächelt meine Schülerin und sagt:

„Ich sehe Engel in einem Kreis, weiblich. Zuerst war es hell. Helle Gestalten – und ich bin auch dabei. Ich fühle mich leicht und so fein. Wir sind in einem Kreis. Vorhin haben sie gesagt: >Du gehörst auch zu uns<.
Es ist, als ob dieser Kreis eine Aufgabe hat. Ich bin neu da hineingekommen, und sie sagen: >Es gibt hier viel zu tun.< Ja, ich bin bereit mitzumachen! Ich habe das Gefühl, dass es einfach und klar ist. So richtig verstehe ich nicht, weshalb es schwierig sein soll. Sie sind so ernst, was die anderen so schwerwiegend finden.
Es geht jemand weg; der Kreis bleibt da, und man kommt wieder zusammen. Ab und zu geht jemand weg und erlöst jemanden. Ich weiß nicht genau wie, aber

sie kümmern sich um Seelen. So, als ob sie hinunter-
steigen, weit hinunter, und dort eine Seele treffen –
also jemanden, der gerade gestorben ist. Und dann
führen sie ihn weiter, sie leiten ihn. Sie wissen, wie es
mit ihm weitergehen soll.
Da ist eine männliche Gestalt. Ich folge ihr und schaue
zu, was sie macht. Wir treffen jemanden, der dunkel
und etwas gräulich ist. Ich trage eine Schüssel zur
Reinigung, eine von Gold glänzende Schüssel. Darin
befindet sich eine Flüssigkeit.
Der Mann taucht seine Hände hinein, und ich darf die
Schüssel tragen. Er taucht seine Hände hinein und
reinigt die andere Gestalt. Er streicht an ihr herunter,
vom Kopf abwärts. Ich habe noch einen Becher und
einen Krug, und Hans – ich weiß nicht genau, heißt er
so? – Hans gibt diesem anderen Mann etwas aus dem
Becher. Ich trage Krug und Becher und reiche es ihm
hinaus. Er gibt aus dem Becher dem anderen Mann zu
trinken, Friedrich heißt er wohl.
Ich darf nur die Sachen tragen. Das ist mir zu wenig,
denn ich bin nur ein Helfer. Was der andere Mann
macht, möchte ich auch machen. Er geht irgendwie
gar nicht mit mir um, das heißt: er kümmert sich nicht
um mich. Ich folge ihm, und es ist keine Sprache da;
wir reden nicht. Ich weiß, was ich zu tun habe, und
manchmal bin ich sogar froh darüber, nicht immer. Ich
bin im Hintergrund, warte und folge ihm, wenn er sich
weiterbewegt.
Er trifft andere und spricht mit Lichtgestalten, ver-
ständigt sich mit ihnen. Aber ich verstehe nicht, was
sie meinen. Ich bin jung und unerfahren, das alles
weiß ich noch nicht."

Ich frage: „Wo warst du, bevor du in den Kreis gekommen
und dem Mann gefolgt bist?"

„Ich spiele mit Tieren, die fremd aussehen. Wir haben
Stufen und einen Garten, einen wunderschönen Gar-

ten! Er ist sehr schön und hat in der Mitte einen Springbrunnen. Da ist fast nichts, was ich zu tun brauche. Wir brauchen keine Nahrung, keinen Schlaf, nein, es ist immer hell, und ich bin auch nicht müde.

Also: manchmal gehe ich mit Hans mit. Sonst bin ich in dem Garten. Da sind Blumen, ganz dunkelrote Blumen. Ich bin sehr froh; es ist gut, da zu sein! Es ist sehr schön. Es ist, als ob ich nicht weiß, dass es etwas anderes gibt. Ein bisschen weiß ich es doch, ganz fern. Hier hat alles andere keine Bedeutung. Ich weiß aber doch, dass ich da wieder hinaus kommen werde. Hier bin ich wirklich zu Hause. Ich .... eigentlich ist das meine Heimat.

Ich frage sie: „Wie ist dein Name?"

„Gerika oder ..... Gerika ist richtig! Ich habe etwas wie ein weißes Kleid an, und es ist einfach schön! Jetzt bin ich immer nur in diesem Garten. Eine Luft! Alles so süß! In dem Garten sind die vielen Blumen, der Springbrunnen und viele Vögel. Ich bin da auch so, wie eine Blume ist. In dem Garten bin ich zu nichts nütze. Ich laufe einfach nur herum und finde es schön! Da kommt jemand und sagt: >Du bist immer nur im Garten!< Er kommt an die Pforte und sagt: >Komm mit!< Aber er spricht freundlich, und ich sage: >Ja<.

Es ist ganz leicht. Ich gehe gern mit, so als ob ich alles genau wüsste. Ich bin sehr erstaunt und verliebe mich in diesen Mann. Er ist sehr groß und ruhig und irgendwie sehr schön. Er strahlt etwas so Ruhiges aus, ruhig, klar und ernst, und ich fühle mich so leicht! Aber auch so unwesentlich und unbedeutend. Ich möchte gern von ihm lernen. Er ist kein Lehrer, er ist nur anders als ich, und ich folge ihm in seinen Bereich, der anders ist.

Es ist alles neu. Er bringt mich zu diesem Kreis von Schwestern. Ich setze mich auf so etwas wie einen Stuhl, und ab und zu holt er mich da heraus, damit ich

**ihn begleiten und ihm seine Geräte tragen kann. Da-
nach gehe ich wieder zu diesen Schwestern zurück.
Der Mann gefällt mir und diese Frauen auch. Ansonsten ist es so, dass ich das Gefühl habe, von allem
nichts zu verstehen. Ich kenne nur den Garten, da war
alles einfach."**

Ich frage: „Was ist eure Aufgabe?"

**„Die, denen wir helfen, sind Menschen, die sich verirrt
haben. Es ist so, als ob sie die Laternen ausgepustet
haben, und das verstehe ich nicht. Es macht mich
auch traurig. Für mich ist es ganz einfach, denn ich
habe eine ganz andere Natur als die Menschen. Sie
machen es sich so schwer! Es ist gerade so, als ob ich
sie gar nicht verstehen kann. Irgendwie ist da eine
Traurigkeit in ihnen, und das kann ich nicht verstehen.
Um das zu begreifen, möchte ich auch Mensch werden. Aber das führt zu weit, weit hinunter. Ich kann es
wählen, ja, es ist fast so, als müsste ich nicht dorthin,
aber andererseits geht es doch nicht anders. Ich könnte das Menschsein sonst nie verstehen, ich muss
selbst so werden .... Ich möchte wissen, wie ich in den
Garten gekommen bin."**

Ich schicke sie zurück an den Anfang der Situation mit
dem Garten und sie schildert:

**„Ja, ich möchte wirklich wissen, wie ich in den Garten
gekommen bin. Es ist jetzt ganz hell. Es ist nur Licht
da. Eben war dies Gefühl: >Ich möchte wieder dahin
zurück, ich möchte in meinen Garten!<"** (Sie weint)
**„Warum habe ich das gewollt? Warum war ich so
dumm, das zu wollen??? ... Ich sehe nur Steine, wie
Muster, Prismen oder so etwas. Das sind aber Wesen.
Ich bin auch so ein Muster. Ich bin etwas mit Ecken,
ein klarer Stein, wie ein Kristall. Es ist nichts anderes
da auf der Oberfläche. Ich habe ganz viele eckige Flä-**

chen. Von weitem sehe ich rund aus, in Wirklichkeit sind es viele kleine Flächen. Das Licht fällt hindurch und wird gebrochen. Und dann .... ich bin jetzt nur wie ein winziger Punkt. Der Stein ist weg! Alles ist so ein Schwingen in Wellen und Kreisen und hinauf und herunter. Zuerst kommen die Töne, verschiedene, dann kommen die Farben."

Ich frage sie: „Woher kommen die Töne?"

„Durch die Reibung, durch die Bewegung, durch den Atem. Wir sind feiner Atem. Der Atem geht durch die kleinen Teilchen, und dann klingt jedes anders."

„Aber woher kommt der Atem?"

„Jetzt fällt mir wieder die Aufgabe ein – also dieser Kreis ist wieder da. Das ist das Vorangehen .... Wenn der Atem durch ein Teilchen hindurchgeht, wird es in Bewegung gesetzt und fängt an, seine Bahn zu laufen." (Sie kichert.) „Irre! Ich bin bei meiner Aufgabe aus der Bahn geraten, das heißt, ich bin mit meiner Aufgabe nicht zufrieden .....
Aber ich möchte wissen, was der Atem ist ... Er ist da. Er ist einfach da und geht durch alle Teilchen hindurch. Er ist ganz fein und hält alles in Ordnung ... Aber das weiß ich schon. Ich will etwas anderes über den Atem wissen ... aber das ist wohl jetzt nicht richtig.
Nach den Tönen, nach dem Klingen kommen die Farben. Zuerst Blau, alles ist blau. Und dann kommt Gelb. Das Blau ist wie der Hintergrund, wie der Untergrund. Es ist mittelblau, aber es kann heller und dunkler werden. Alles ist von Blau durchdrungen, als Untergrund. Es zieht auch. So fühlt es sich an. Ich weiß nicht woher, aber es zieht.
Dann kommt Gelb. Gelb ist warm und kommt durch das Blau nach vorn. Es ist dicker. Das Blau ist feiner,

das Gelb ist dicker, und es geht nicht in die Füße. Das Blau ist alles durchdringend, und das Gelb wickelt sich wie um die Hüften herum. Es legt sich um den Körper wie eine Hülle und kommt dann von außen herein. Es legt sich um den Körper, dringt ein und ist dann überall. Die anderen Farben kommen auch, aber ich weiß nicht, ob ich sie alle wahrnehmen möchte. Dann kommt nichts mehr. Es ist jetzt wie ein Herabsteigen, und ich finde den Garten. Vorher beginnt die Verdichtung. Ich verdichte mich – ja, es ist einfach eine Verdichtung, aber die Form ist nicht klar. Ich bin Nebel, wie ein Schweif."

Ich frage sie: „Wie Spiralnebel?"

„Ja, aber wo kommt das Bewusstsein her? Ich möchte wissen, wo das Individuelle anfängt. In dem Nebel ist es nicht."

Ich beende die zweite Sitzung langsam mit einigen Sätzen, die Gerika aus dieser Bewusstseinsebene in das Tagesbewusstsein holen. Sie braucht etwas Zeit, sich mit der alltäglichen Umgebung wieder vertraut zu machen.

„Was war denn das" fragt sie mich. „Gibt es denn so etwas?"

Ich hatte ähnliche Schilderungen schon von anderen Schülern gehört, und so waren ihre Bilder mir nicht fremd. Aber ich beantwortete ihre Frage nicht, weil sie selbst herausfinden sollte, was diese Erlebnisse bedeuten.

Nach kurzer Besinnung sagt Gerika bestimmt: „Ja, ich weiß, dass es wirklich so ist. So ist es wohl bei den Engeln. Der Garten und alles, was vorher war – der Atem, die Töne, die Farben und Formen – das ist der Anfang, der Ursprung des Lebens. Und das habe ich erlebt!"

Noch etwas benommen und ergriffen verlässt Gerika an diesem Tag meine Praxis.

Dritte Sitzung

Die dritte Sitzung beginnt wie jeden Tag mit der Entspannung; dann frage ich: „Wie ist es nun eigentlich gekommen, dass du auf die Erde hinuntergehst?"

„Ich bin wieder in dem Kreis von Frauen und möchte verstehen warum. Ich möchte so gern so sein, wie sie sind! Und dieser männliche Engel ist auch wichtig, weil ich nicht verstehen kann, was zwischen ihm und den anderen ist. Und auch die Menschen sind mir fremd, diese Seelen, die dort ankommen und so grau sind. Ich kann nicht verstehen, was so schwer für sie ist.
Ich sitze in dem Kreis und sage: >Ich möchte hinab!< Eine Frau steht auf und nimmt mich bei der Hand. Wir gehen Stufen hinunter. Ich folge ihr und habe Angst. Sie sagt mir, dass ich meine Gestalt verlieren würde und auch vergessen würde, was gewesen ist. Sie fragt mich, ob ich das will. Es ist, als ob sie Mathilde heißt. Für mich gibt es kein Zurück." (Sie weint.)
„Irgendwie sinke ich hinunter. Es wird dunkler, so grau. Ich weiß nicht, wo ich bin, aber ich treibe einfach dahin. Es ist wie eine graue Fläche, in der Löcher sind, trichterförmige Öffnungen, und eine ist für mich. Es ist, glaube ich, schon so bestimmt. Ich kann es mir nicht aussuchen; ich suche danach und werde erkennen, welche für mich ist, aber ohne zu wissen, was es bedeutet. Es ist einfach so.
Ich muss etwas mitnehmen, und das ist ganz wichtig: die Liebe muss ich mitnehmen! Ich stehe vor einem Trichter, und er ist es einfach, das weiß ich irgendwie. Ich falle da hindurch, es ist wie ein Druck, aber nicht unangenehm. Von der Umgebung nehme ich nichts mehr wahr. Es ist ein Wirbel ...
Jetzt ist es ein Stein, ich bin wie Stein und Meer, Brandung. Ich weiß nicht genau, ob ich da bin. Ich sehe einfach Wellen; das Meer und Felsen. Meer, das

in großen Wellen herein- und herausgeht. Ich sehe einen Mann, der steht da auf einem Felsen im Meer. Er schreit. Er schreit und tanzt herum. Oh, er stürzt sich hinunter, und sein Körper kommt auf den Felsen auf, er blutet, und das Wasser wird rot und spült über ihn. Er schwimmt auf den Wellen, und seine Pfeile schwimmen neben ihm. Er hat sich geopfert für die Trockenheit, damit es regnet.

Ich sehe einen Stamm, Leute im Sand, mit komischen Zelten aus Leder. Der Mann hat sich für den Stamm geopfert, damit Regen kommt. Ich selbst schwebe darüber und denke jetzt, dass er mein Vater war. Jetzt sehe ich eine Frau mit Kind. Ich bin ein Säugling in ihrem Arm und sauge an ihrer Brust. Sie hat schwarze lange Haare, braune Augen und ein breites Gesicht. Ha! Es ist irgendwie fremd und freundlich. Es war mein Vater, und der ist jetzt tot. Das berührt mich nicht besonders. Die Frau hat noch mehr Kinder. Ich bin das jüngste Kind, und wir leben in dem Stamm. Ich bin da geboren."

Ich bitte sie, noch einmal zurückzuschauen, wie sie zu dem Stamm und der Frau gekommen ist. Und ich frage sie: „Wie beginnt dein Leben dort?"

„Die Frau und der Mann sind in einem Zelt. Und der Mann schlägt sie. Ich habe kein Gefühl dabei. Es ist nicht klar, ob die Frau das so mag. Sie wehrt sich nicht. Sie liegt auf dem Bauch, und er schlägt sie auf den Hintern. Der Trichter ist zu Ende gewesen, und ich sehe es von oben. Der Trichter ist nicht mehr so stark, also: es ist, als ob ich da herausgekommen bin.

Wenn sie zusammen schlafen, muss ich da hinein. Ich finde es irgendwie komisch, dass ich da hinein soll, aber es ist kein starkes Gefühl. Ich will es nicht besonders, es ist nur einfach komisch.

Ich glaube, die Frau weiß jetzt, dass ich da bin. Sie dreht sich um und liegt auf dem Rücken. Sie hat den

Wunsch, ein Kind zu bekommen. Es ist der Wunsch nach Fruchtbarkeit. Ich bin ihr willkommen, und für mich ist es so, dass ich denke, ... dass das eigentlich gar nicht das ist, was ich lernen wollte. Aber nun bin ich eben hier.

Ha! Also die Frau sagt: >Komm!< Ich weiß nicht, ob sie mich meint oder den Mann. Ein leichter Sog, aber von außen, durch den Bauch hindurch bis zu den Spermien, ja, und dann reise ich mit den männlichen Samen, schwimme da noch so herum und finde die Eizelle.

Jetzt, wo die beiden Zellen zusammen sind, fühle ich mich wohl. Das ist schön! Ich habe das Gefühl, dass ich erst einmal schlafen kann. Es ist dunkel, warm und feucht. Eine Wohnung, die ich auch verlassen kann.

Wenn ich sie verlasse, bin ich frei im Bauch und gehe auch ganz heraus und schaue mich dort um. Und dann gehe ich wieder zurück. Ich merke etwas von Tag und Nacht. Also nachts, wenn die Frau schläft, kann ich besser hinausgehen, und im Morgengrauen kehre ich zurück. Es ist, als ob ich den Tag verschlafe.

Wenn ich draußen bin, schaue ich mir alles in den kleinen Zelten an. Da schlafen die Leute. In dem einen Zelt schläft ein alter Mann mit einem grauen Bart. Ich weiß nicht, ob er etwas Besonderes ist. Ein Hund ist dort, der ist nachts wach. Der Hund bemerkt mich nicht, aber ich freue mich, dass er wenigstens wach ist. Er läuft dann um das Zeltdorf herum und legt sich wieder hin.

Es ist ein Dorf im Sand, drei Tagesreisen vom Meer. Aber ich kann nicht ganz weg. Ich bin verbunden mit den beiden im Zelt, und wenn ich nachts weiter weg will, dann geht es nicht. Irgendwie treffe ich jemanden wie mich, der auch nur herum schaut und in der gleichen Situation ist wie ich. Das ist schön und beruhigend." (Sie lacht.)

„Ich glaube, er kommt auch aus meiner Richtung. Wir sehen uns; es ist nicht Sprache, aber wir nehmen uns wahr und erkennen uns irgendwie. Er kennt den Garten, und er weiß auch mehr als ich. Er war schon einmal bei den Menschen und wir kommen, um in dem Stamm etwas Wichtiges zu tun. Er hat sich die Aufgabe selbst ausgesucht, und mich wundert das sehr. Ich denke, ich möchte ihm folgen." (Sie lacht wieder.)

„Also, ich möchte ihm folgen und lernen, was er macht. Und er sagt, dass ich willkommen bin. Da sind noch mehr von uns. Es ist plötzlich wieder ein Kreis, er ist in der Mitte, und wir sind über diesem Dorf. Jetzt finde ich es ganz wunderbar. Zuerst hatte ich Angst und das Gefühl, dass alles so fremd ist und ich ganz allein bin. Ich gehe wieder zurück und schlafe. Jetzt habe ich den Eindruck, dass alles klar ist.

Ich kann mich ausruhen und mich gehen lassen. Ich werde größer in dem Bauch, und das Wissen von dem Treffen verschwindet. Aber es ist noch eine Freude da, die bleibt. Eine Vorfreude.

Ich bin in dem Bauch, und die Frau freut sich zwar, aber es ist keine Verbindung von mir zu ihr. Ich kann mich mit ihr nicht verständigen, aber sie meint es gut. Ich kann sie nicht erreichen, sie ist zu fest. Das ist schlecht für mich." (Sie weint ein bisschen.)

Ich fühle mich da ziemlich allein. Es ist schon so ganz gut gesorgt, und dafür bin ich dankbar. Es ist sicher, aber einsam. Und ich verstehe auch nicht, womit sie sich beschäftigt. Sie arbeitet viel und läuft herum, läuft hin und her, ächzt und stöhnt.

Das Zelt wird jetzt abgebaut, und sie muss es tragen. Sie schneidet etwas in Streifen und hängt es auf. Das ist wohl Fleisch zum Trocknen. Eben war es, als wenn das Zelt zusammengelegt wird, weil der Stamm weiter wandern will. Die Männer ziehen voran, und die Frauen müssen alles schleppen. Aber meine Mutter kann das nicht tragen. Sie zieht es wie auf eine Plane mit einem Körperriemen, zieht es hinter sich her und ächzt und stöhnt.

Im Bauch ist es ungemütlich. Es presst und ver-
krampft. Sie macht es sich zu schwer, weil sie es nicht
gern tut. Irgendwie ist die Schwangerschaft ihr eine
Last und auch die vielen Kinder. Sie ist müde; der
Mann ist weg, sie ist traurig, müde und hat schlechte
Laune. Sie macht es sich sehr schwer und ich denke:
>Hoffentlich komme ich da heil hinaus!< Sie hat über-
haupt keine Lust mehr zum Leben.
Es ist so heiß, und es gibt wenig Wasser. Ich leide
auch manchmal. Sie bekommt nicht genug zu essen,
und das ist für mich auch so. Als ob ich von einem
Nährstoff nicht genug bekomme. Irgendwie ... meine
Knochen können sich nicht richtig bilden.
Es ist jetzt so, als ob die Frau bald stirbt. Also ich
werde immer schwächer dort im Bauch. Die Frau liegt
da, und mir tut jetzt hinter der Hinterkopf weh an einer
Stelle. Oh, schlimm, der Hinterkopf! Wie ein Schnitt
quer darüber.
Die wollen mich herausholen, aber ich bin zu
schwach. Der Kopf tut weh. Die eine Stelle am Kopf,
dieser Schmerz! Da hat jemand ... die wollten mich da
aus dem Bauch holen und haben dabei den Kopf verletzt. Und ich bin ganz schwach und weiß nicht, ob ich
leben will oder nicht. Das Gefühl von der Mutter, dieses trostloses Gefühl, ist jetzt auch in mir.
Ich bin irgendwo hingelegt worden. Der Kopf wird mir
abgetupft; ich liege da und bekomme Milch aus einer
komischen Flasche. Aber ich kann sie nicht aufnehmen. Sie rinnt so wieder hinunter. Es kommt eine andere Frau und gibt mir ihre Brust. Ich bin noch bewusstlos, und ich will weg!
Da kommt jemand. Auf der einen Seite tut der Kopf
noch weh, und ich will wieder ins Graue hoch. Da
kommt aber eine Lichtgestalt, und ich bin einfach etwas bei ihr. Es ist die Frage, ob ich zurückgehe oder
nicht. Ich möchte wohl weg, denn ich will nicht dahin
zurück, weil es so weh tut! Das habe ich vorher nicht
gekannt.

Ich bin eine ganze Weile bei dieser anderen Lichtgestalt. Es ist ein Zwischenbereich, aber ich bin noch mit dem Körper verbunden, der im Zelt liegt und atmet. Irgendwie denke ich: >Warum sind die Menschen so blöde und schneiden an dem Kopf herum?< Aber dann tut es mir leid, dass ich das gedacht habe. Es ist deren Dummheit, dass sie das gemacht haben. Ich denke, sie hätten mich lieber sterben lassen sollen. Es ist irgendwie klar, dass ich noch in dem Körper leben muss, und ich bin jetzt auch wieder ruhiger. Es wird für mich entschieden – also mein Streben war eher weg-, diese andere Lichtgestalt hat mich aber beraten. Sie hat mich belehrt, und jetzt kann ich es besser verstehen. Sie sagt: >Das ist nun mal so.<" (Sie lacht.)

„Ich habe gedacht, dass es falsch wäre. Wenn man so geboren wird, und der Körper ist so schwach, da habe ich gedacht, das ist nicht richtig. Es kann auch so sein. Das gehört dazu; es ist die Krankheit, und das soll ich auch erfahren. Das ist es, was ich als erstes erfahren soll. Es ist schwer zu verstehen, dass der Körper etwas aus der materiellen Welt braucht. Wenn er das nicht bekommt, dann ist er schwach und kann nicht richtig funktionieren ...

Die Frau, bei der ich bin, die Frau mit dem breiten Gesicht und dem langen Haar, hat mich angenommen. Sie hat noch einen Säugling und will für uns beide sorgen. Sie hat noch andere Kinder.

Ich kann nicht richtig laufen, wenn ich größer bin. Ich bin nicht richtig kräftig und stark, sondern schwach und gebrechlich von der Krankheit. Irgendwie bleibt der Schmerz an dieser Stelle am Kopf. Es ist eine große Narbe. Ich kann nicht richtig laufen, ich kann nicht richtig herum springen wie die anderen Kinder. Das ist das körperliche Leid. Ich habe große Augen, und die Leute sagen, was für schöne große Augen ich habe. Das sei ganz seltsam.

Es ist irgendwie noch kein Gefühl in mir für die Menschen, sie sind so seltsame Wesen! Es ist wie ... Wenn sie sich freuen und wenn sie lachen, dann ist es gut, aber wenn sie soviel arbeiten und ächzen, das verstehe ich nicht. Warum sie alles hin- und herschieben, das ist komisch! Und auch, dass sie so viel Nahrung brauchen. Für mich ist es nicht anstrengend, weil ich nicht arbeite, ich bin körperlich zu schwach. Da kann ich mir alles in Ruhe ansehen, und irgendwie, glaube ich, kann ich sehen, wenn jemand krank werden wird. Ich sehe es im voraus."

Am Ende der dritten Sitzung ist Gerika immer noch erstaunt über die Bilder, die aus ihr heraufsteigen. Sie will sich bei mir rückversichern, ob sie nicht nur phantasiere. Ich erkläre ihr, dass jeder Mensch nur über die Dinge phantasiert, die einen Bezug zu seiner Persönlichkeit haben. Diese Bilder sind also als Gerikas persönliche Wirklichkeit anzusehen und stellen ihre inneren Wesenseigenarten dar. Ob die Erlebnisse darüber hinaus eine historische Wirklichkeit besitzen, könnten nur Menschen bezeugen, die ähnliche, dazugehörende Erfahrungen haben. Unsere heutige Auffassung von Wissen und Wirklichkeit lässt solche persönlichen Erfahrungen nicht gelten. Als wahr gilt nur, was den wissenschaftlichen Kontrollbedingungen standhält. Erfahrungen dieser Art sind aber nicht experimentell wiederholbar, schon gar nicht unter Laboratoriumsbedingungen.
Ich kann Gerika keinen Beweis für die Wahrheit ihrer Erlebnisse geben, aber ich bin bereit, ihr zu glauben, dass sie diese Erfahrungen gemacht hat.

Vierte Sitzung

Seit der letzten Sitzung hatte sich Gerika mit dem Gedanken beschäftigt, dass sie die Krankheiten von Menschen erkennen könne. Wir einigen uns darauf, uns heute damit zu befassen.

„Da ist ein alter Mann, aber ich kann ihn noch nicht deutlich sehen. Er liegt im Bett, also ein Lager, kein Bett, und er ist irgendwie schon ganz grau eingehüllt. Ich sehe es mit den äußeren Augen. Das geht nicht immer; wenn ich mich darauf einstelle, dann geht es. Ich lege ihm die Hand auf sein Herz, weil das Herz schwach ist, und das ist die Stelle, wo er jetzt Kraft braucht. Unterhalb des Nabels auch – also eine Hand oben auf den Kopf und die andere auf das Herz, dann wieder auf das Herz und unterhalb des Nabels, dann unter die Fußsohlen und nach oben. Jetzt streiche ich wieder am Kopf und seitlich an den Armen entlang und an den Beinen abwärts.

Ich drehe ihn auf den Bauch und tue das Gleiche auf dem Rücken. Da kommt etwas wie feine Linien heraus, irgendwie beginnt es wieder zu fließen. Es war alles grau um ihn herum, und jetzt ist etwas davon weggestrichen. Ich kann es wie feine Linien sehen, die um den Körper herumgehen, durch ihn hindurch und aus ihm heraus. Zum Beispiel geht es bei der Wirbelsäule wie eine Acht durch den Körper hindurch. Ich nehme noch einmal den Kopf in beide Hände. Wenn ich den Kopf nehme, sind rechts und links in einigem Abstand Linien um den Kopf herum. Am Herzen trifft es sich. Jetzt fasse ich die Füße an, die Zehen und die Fersen. Ich verbinde mit der einen Hand die Zehen und mit der anderen Hand die Fersen. Dann stehe ich seitlich an seinem Lager und habe beide Arme hoch in die Luft gestreckt, und es kommt von oben etwas herunter. Ja, es ist, als ob seine Seele – ich weiß nicht, ob es seine Seele ist – aber es kommt herunter und legt sich wieder auf den Körper und durchdringt ihn. Und sie wurde geführt von zwei Lichtwesen. Ich tue es gern, es ist ganz normal. Ich male jetzt über seinem Körper, als ob ich die Energie in einem Abstand darum herum lege, um einen Schutzraum zu schaffen. Dann schläft er. Ich gehe hinaus, wasche mein Gesicht und die Hände.

Da ist ein kleines Kind, das hat eine offene Wunde am Unterschenkel, eine tiefe Fleischwunde. Ich trage es, lege es auf ein Lager und fasse den Fuß an dem verletzten Bein. Es ist noch ein Stein darin oder etwas wie ein Stein. Ich nehme ihn einfach heraus und verbinde die Energie von unterhalb der Bauchnabels mit dem Fuß. Dann auch wieder das Herz, und irgendwie bilde ich auch wieder etwas wie einen Schacht, einen Lichtschacht. Er ist nach oben offen. Ich fühle mich gut. Es ist ein Kreislauf zwischen meiner Energie, wenn ich das Kind mit den Händen anfasse, dann sind wir wie ein Kreis. Das bringt die Energie in ihm wieder zum Fliessen.

Die Energie erfüllt mich, sie kommt so fein von oben herab. Dann gibt es noch die Möglichkeit, einen kleinen Schacht zu schaffen, so dass Helfer kommen. Das wirkt noch viel stärker. Das ist richtig ein Schacht, und oben stehen zwei oder drei Lichtwesen. Durch den Schacht kommt helle Energie geflossen. Sie durchströmt den ganzen Körper. Dann muss nur das Graue, die Belastung, weggestrichen und in den Raum verteilt werden, in die Luft. Das ist nicht gut, denn es fließt von da aus weiter. Ich streife es ab und schüttele es von meinen Händen ab. Es fließt in der Luft herum und verschwindet. Es schafft sich dann wieder bei jemand anderem die Möglichkeit, einzudringen."

Ich frage sie: „Was ist eigentlich, das Graue?"

„Das Graue gehört zur Materie. Das ist so: Wenn die Seele sich zurückzieht, dann strahlt die Materie dieses Graue ab. Es ist nicht einfach Abstrahlung oder Seele, aber es ist ja auch fein. Ich weiß nicht, ob es auch noch etwas wie Seele in sich hat. Jedenfalls ist es ohne Licht. Es ist das, was bei Krankheit, Tod und Verfall aus der Materie so fein herausfließt. Und es sucht sich dann wieder schwache Stellen. Das ist ge-

genständlich, es erstaunt mich, wie es da herum schwirrt.

Wenn es an den Körper von einem anderen Menschen kommt, kann es sich wieder verbinden. Wenn er aber stark ist, dann nicht. Wenn viel Licht in ihm ist, dann geht es nicht. Wenn er viel von dieser feinen Seelensubstanz hat, geht es nicht.

Wenn sich die Seelensubstanz in bestimmte Stellen zurückgezogen hat, dann kommt das Graue hinein und dringt tief bis in die Organe. Das bewirkt eine Umwandlung der Organe, es verstopft und wird dort grau. Ab und zu habe ich etwas Braunes gesehen, etwas Pulsierendes, dann kommt das Graue und verstopft es einfach. Aber die Organe sind trotzdem noch da. Sie sind wie eingefroren. Also, ich weiß nicht, ob sie sich ganz verändern. Im Moment sieht es wie eine Schutzschicht aus. Wie eine Schutzschicht, ja, in allen Zellen. Und das wird einfach durch das Licht wieder vertrieben.

Der, der krank ist, könnte es auch tun, wenn er es wüsste. Er könnte es ganz allein, das Licht aus den anderen Körperteilen mit seinem Bewusstsein in die kranken Zellen bringen. Und er kann auch das andere, diesen Schacht nach oben durch Gebet erreichen ...“
(Sie fängt an zu weinen.)

„Ich habe einfach das Gefühl, ich habe mich davon abgeschnitten. Man muss es immer tun, bei jedem Menschen und bedingungslos. Es ist keiner ausgeschlossen. Und wenn ich darüber etwas weiß, dann kann ich mich nicht abdrehen und sagen: >Bei dem will ich es nicht machen.< Die Gabe ist eine Verpflichtung. Die Krankheit ist die Abwesenheit von Licht, das ist ja klar, aber ich weiß nicht, was ich falsch g emacht habe ...“

Ich frage sie: „Hast du einen Fehler gemacht?“ Sie weint sehr und antwortet:

„Es ist, als ob ich beschimpft werde: Man soll den Kranken sterben lassen. Ich weiß nicht, wer das sagt. Die Leute finden komisch, was ich tue; sie sagen, es ist gegen die Natur, und ich werde weggeschickt." (Sie weint verzweifelt.)

„Ich gehe allein durch den Sand von diesem Stamm fort. Mich schmerzt so, dass die Leute mich nicht verstehen können! Ich lege mich einfach in den Sand, aber ich wäre doch gern dort geblieben! Ich weiß aber gar nicht, warum ich gern dort geblieben wäre; es ist so: Ich bin gekommen, wollte so gern helfen, und die Leute haben mich abgelehnt. Und auch meine ganze Heimat haben sie abgelehnt, das Licht haben sie abgelehnt." (Sie weint sehr.)

„Sie wollen so bleiben, wie sie sind, und sie hatten da einen anderen, ach ja, einen anderen Heiler. Er wollte die Leute auch gesund machen, aber anders als ich. Er hat gesagt ... Ich weiß nur, dass es ein Mann ist. Er ritzt die Haut und streut Pulver hinein, damit es zu einer Entzündung oder zu Fieber kommt. Als ob die Geister die Krankheit sind; der Teufel muss herausgetrieben werden. Einige sterben daran. Dann sagt er: >Der Teufel hat Besitz ergriffen, und es ist jetzt besser, dass er gestorben ist.< So sei die Seele gerettet. Tss .....!

Es ist Schwachsinn! Er sagt: >Man muss manchmal lieber den Körper opfern.< Es ist aber Unsinn, so wie er das macht! Und er sagt, so wie ich das mache, bleibe der Teufel drin. Und das wäre nur eine Frage der Zeit, bis er wieder zum Vorschein kommt. Das macht den Leuten Angst, obwohl sie sich zuerst besser fühlen.

Ich weiß nicht, was der Teufel ist, ich kann es nur mit dem Grauen sagen: Die Krankheit ist das Graue. Engel kenne ich, Teufel kenne ich nicht. Ich glaube, der andere Heiler hat Unrecht. Er hat keinen Zugang zum Licht, sondern nur zu den Naturkräften. Bei ihm hört es auf mit Sturm, Wind und Feuer und Steine zerreiben und Pulver kleben. Das ist mir fremd. Ich verstehe noch nicht richtig, wie diese Kräfte wirken. Das ist kompliziert! Manchmal hat er auch Erfolge. Aber er kann nicht verstehen, wie ich es mache..."

Sie macht eine längere Pause, und ich frage sie: „Wie geht es weiter mit dir?"

„Ich bin vertrieben, ich musste gehen, und ich gehe und gehe und lege mich einfach in den Sand, und mein Körper stirbt. So eine Traurigkeit." (Sie weint.) Aber so schnell geht es auch nicht! Auf der einen Seite weiß ich genau, dass ich qualvoll und hässlich durch Verdursten sterben muss. Dann flimmert alles vor den Augen. Vögel kommen und hacken in die Beine. Das merke ich noch, oh ...! Es ist nicht so einfach zu sterben. Ich möchte gern, aber irgendwie muss ich warten, warten, warten ... Dann kommt noch ein Vogel und hackt auf der Brust, aber ich bin schon fast weg. Ich komme von diesem Körper nicht los! Meine Traurigkeit hält mich fest, irgendwie ... Wenn ich so traurig bin, dann habe ich noch keinen Frieden. Ich kann diese Menschen nicht verstehen; ich muss ihnen verzeihen, aber ich kann das nicht. Ich finde sie blöd! Aber sie können nichts dafür, sie wissen es einfach nicht besser. Es ist nicht ihre Schuld, sie werden es später noch erfahren. Das ist nur meine gekränkte Eitelkeit! Es ist kein Grund, um traurig zu sein. Ich brauche einfach Geduld, aber das ist so schwer!" (Sie weint heftig.) „Ich weiß gar nicht, warum es so schwer ist ... Die Trennung ist so schwer, die Trennung tut fast am meisten weh. Ja, die Menschen wuchsen erst allmählich zueinander, und ich muss lernen, allein zu gehen. Ich habe die Verbindung nach oben, also bin ich ja nicht allein, aber unter den Menschen bin ich einsam. Es ist wie eine Vertreibung aus dem Paradies. Der

Frieden war ja vorher einfach da, und ich muss ihn jetzt allein in mir schaffen."

Gerika erkennt in der vierten Sitzung, dass ihr Abstieg aus der Engelssphäre das gleiche bedeutet, was die Bibel mit der Paradiesgeschichte gemeint hat: Das Menschsein ist der Fall aus der Einheit mit dem Ursprung.
Sie sieht sich vor der Aufgabe gestellt, den Frieden und damit die Verbindung zum Ursprung in sich selbst herzustellen. Dabei ist sie wie ein einsamer Wanderer durch die für sie unverständliche Welt der Menschen, die ihr fremd bleiben, obwohl sie selbst jetzt in Menschengestalt lebt.

Fünfte Sitzung

Gerika beginnt noch im Tagesbewusstsein mit den Worten:

„Ich bin noch ganz traurig, ganz tief. Und alle Trauri g-keit kommt wohl durch die Trennung."

Als sie entspannt ist, schicke ich sie in den Zustand, im Sand zu sein und nicht vom Körper loskommen zu können. Ich frage: „Wie geht es mit dir weiter?"

(Sie weint wieder heftig.) **„Es ist, als ob ich mich schützen müsste, so als ob ich mein Herz verschließen möchte oder einen Teil davon. Die Vögel sind wieder da und hacken auf meinem Körper herum. Ich spüre keine Schmerzen, aber ich finde es so grausam, so sinnlos! Ich verstehe nicht, warum sie jetzt meinen Körper brauchen. Ich finde es grausam, und die Menschen kommen mir nicht anders vor als die Tiere, weil die auch töten."** (Sie weint sehr.)
„Der Tod ist so eine Befreiung, aber ich kann noch nicht sterben! ..."

Nach einer Weile:

„Iii! Ich weiß nicht, ob das noch im Sand ist: Da sind Maden und Würmer, die fressen sich durch meinen Körper hindurch, igitt! Ich bin noch in meinem Körper, aber alles Fleisch ist fort, bin nur noch das Skelett in der Sonne. Trotzdem bin ich immer noch da. Der Wunsch zu erfahren, was damit geschieht, hält mich hier fest. Die Knochen sind jetzt verweht, sie stecken halb im Sand; das muss Jahre um Jahre dauern! ... Jetzt sind sie gar nicht mehr zu sehen. Da ist nur noch Sand, und ich wandere in der Wüste umher, aber ich finde den Weg nicht hinauf. Ich finde diese ganze Erde schrecklich! Ich finde es so schrecklich, ich finde es so schrecklich! Unter mir ist die Wüste, ein Felsen, und dort ist wieder das Meer. Dann sehe ich ein Tier, ein wildes Tier. Es sieht eigentlich wie ein Löwe aus, ja, eine Löwin mit zwei, drei Jungen. Das ist schön! Es gibt dort hin und wieder noch andere Tiere. Ich bin immer in der Wüste, will sehen, ob da noch etwas anderes ist ...“

Ich frage sie: „Hast du eine Substanz oder einen Körper?“

„Feinstofflich bin ich. Ich habe Umrisse wie ein menschlicher Körper, aber platt wie Papier. Es gibt schon eine Begrenzung, aber ich kann durch alles hindurch, und mich sieht auch keiner. Es ist sowieso keiner dort. Da war mal ein Zug von Menschen, aber ... Jetzt kommt eine andere Lichtgestalt, und sie meint, es ist jetzt wohl wieder mal Zeit.“ (Sie lächelt fein.)
„Ich muss ja wieder ... ich soll ja ... ich möchte auch mitkommen, aber ich wusste den Weg nicht mehr. Ich war so gefangen!“ (Sie lächelt entspannt.)
„Jetzt soll ich wieder mit ihr kommen; ich folge ihr, folge ihr durch Grau und durch Häuser, weiße Häuser und viele Gestalten. Etwas anders als ich. Die sehen

mehr aus wie Menschen, aber sind doch feiner; sehen so aus wie Menschen, aber ich folge ihr weiter.

Es wird da heller, und es kommt wieder Frieden. Der Frieden kommt von außen in mich hinein, aber das Herz tut mir noch weh. Das heilt nicht so schnell, es ist wie eine feste Stelle, wie eine Narbe. Durch alles dringt der Frieden, aber da bleibt der Schmerz. Und ich komme wieder in diesen Kreis von Schwestern, zu den Engeln." (Sie weint.)

„Ich lege mich erst mal hin, zur Ruhe ..."

Eine längere Pause.

„Dann ist es, als ob da wieder eine Neue gekommen ist und auch hinunter will. Also, immer wenn jemand hinuntergegangen ist, kommt eine Neue in den Kreis. Das ist ein ewiger Kreislauf, der die gleiche Zahl behält; es sind zwölf, ein Nachrückverfahren. Die Erfahrenste geht woanders hin. Aber wohin geht sie? Es kann sein, dass drei oder vier unten sind, aber die Zahl im Kreis bleibt bestehen. Nur die Mitglieder bleiben nicht gleich. Es ist wie eine Durchgangsstation. Ich bleibe nicht immer mit denselben Personen verbunden, aber immer mit der gleichen Anzahl. Die Schwestern gehen dann irgendwann weiter. Wir haben die Aufgabe, Erfahrungen zu machen und zu helfen. Ich möchte gern wissen, was die tun, die den Kreis verlassen ...

Das ist unterschiedlich. Die arbeiten wieder mit anderen zusammen. Es ist unterschiedlich, wohin sie gehen können, das hängt von ihren Erfahrungen ab und davon, was sie am besten können.

Ich sehe eine, die ganz neu ist und weiß, dass auch sie hinabgehen muss, weil sie es jetzt so will. Und diesmal führe ich sie die Treppen hinunter, ja, bis zu dieser Schicht mit den Löchern drin, wie so ein Kreis, ja ein Trichter. Es gibt nichts zu sagen. Eben war es so, als ob ich ihr etwas raten müsste, aber das geht nicht.

Es gibt nichts außer dem, was sie zu mir auch gesagt haben. Sie wird ihre Gestalt und die Erinnerung verlieren, und sie kommt später zurück.

Ich weiß jetzt, wozu die Löcher sind, und weiß, dass sie geboren wird. Das wusste ich früher nicht. In dem Zustand, in dem ich jetzt bin, empfinde ich so eine Ruhe, dass alles richtig ist.

Vorher hatte ich Angst vor dem Unbekannten. Das ist jetzt so weit weg! Ich kann mich erinnern, dass ich das hatte, aber die Angst ist jetzt weit weg. Jetzt ist nur die Ruhe da und kein Schmerz mehr. Ich mache es wie am Anfang, nur kann ich etwas mehr erkennen. Die Unzufriedenheit mit dem Nichtwissen ist jetzt fort. Ja, ich möchte in der Ruhe bleiben, ich möchte nicht mehr hinuntergehen müssen."

In dem Gespräch nach der fünften Sitzung sagt Gerika, sie sei in den Kreis viel erfahrener zurückgekehrt, und das sei wohl der Sinn der Erderfahrung gewesen. Sie meint allerdings, dieses Hinauf- und Hinabsteigen habe sie häufiger als einmal durchgemacht.

Wir besprechen, dass es zu lange Zeit benötigen würde, jede Inkarnation so genau durchzusprechen und einigen uns darauf, nur die wichtigsten Erlebnisse aufzugreifen. Gerika ist sehr bewegt von den Erfahrungen, besonders von dem krassen Unterschied zwischen der quälenden Situation des Menschseins mit dem dazugehörigen inneren Unverständnis für die eigene Lage und der Leichtigkeit und Klarheit in der Himmelssphäre, wo Ruhe und Frieden in sie zurückkehren.

Sechste Sitzung

Wir beginnen die nächste Stunde ohne Vorgespräch. Die zurückliegenden Erlebnisse sind für Gerika verständlich, so dass ich ihr überlassen kann, den nächsten Schritt allein zu finden.

„Das nächste Mal werde ich aber aufgerufen. Ich bin in dem Kreis, und jemand kommt von außen und ruft mich. Es ist auch in Ordnung so. Ich folge einfach wieder. Es ist wieder ein mehr männliches Wesen. Ich folge ihm jetzt, aber nach oben oder mehr zur Seite. Da stehen ganz viele graue Gestalten, ganz viele. Es ist genau umgekehrt wie am Anfang. Hinter mir steht eine andere Gestalt, hält die Schale, und ich wasche die grauen Gestalten. Sie waren vorher woanders. Es ist, als ob sie alle aus dem Krieg gekommen sind. Einige haben kein Bein... es ist ...also, bei einem ist nur ein grauer Kopf da". (Sie lacht etwas.) „Als ob sein Körper ganz zerteilt ist. Der Körper ist wie feines Licht, er hängt aber nicht am Kopf. Ich streiche jetzt nur über den Kopf. Also das verstehe ich jetzt nicht!" (Sie besinnt sich eine Weile.)

„Das sind Leute, die in einem Grab zusammen waren, nur Männer. Sie waren im Krieg und sind einfach zusammen gekarrt worden. Und von einigen ist eben nur ein Körperteil hineingeraten. Aber es ist doch irgendwie komisch, das verstehe ich trotzdem nicht! Irgendwie müssen die anderen Gliedmassen ja auch da sein. Der Kopf ist da, und der Körper ist nur als Seele da.

Ich wasche sie, und es ist eine endlose Reihe. Ganz viele, endlos. Es ist, als ob das ganze Blut, das ganze Morden noch daran ist. Ich frage mich ..." (Sie besinnt sich.)

„Es ist keine dramatische Gefühlsbewegung in mir. Und wenn ich beim Waschen bleibe, habe ich eine große Ruhe. Aber es tritt die Frage auf, wie das möglich ist, dass sie so morden.

Die Frage taucht auf, was der Krieg ist. Und damit ist es klar: Ich gehe wieder in den Kreis und sage: >Ich möchte den Krieg erleben.< (Sie lächelt.) „Und jemand steht wieder auf und führt mich hinunter. Ich folge, es ist alles ganz ruhig und selbstverständlich." (Ihr Gesicht strahlt, als ob sie fein über sich selber lächelt.)

Nach einer Pause frage ich sie: „Wohin kommst Du?"

„Ich bin ein kleiner Junge in Italien, dunkelhaarig, mit einigen Geschwistern und einer dicken Mutter. Wir schlafen alle in einem Bett. Es ist nur ein Raum da, und in der Ecke schlafen wir. Der Vater ist tot, glaube ich. Wir haben zwei Katzen. Ich spiele und werfe mit Steinen nach Vögeln. Das Spiel mit den Nachbarskindern geschieht mit viel Klopperei und lautem Geschrei. Ja, ich bin ein Junge ...

Dann werde ich ein junger Mann. Ich bin Soldat und trage eine Hose mit Bügelfalten, eine enge Jacke mit zwei Knopfreihen und eine Mütze mit einem Schirm vorn, schwarze Schuhe. Die Farbe von der Uniform ist nicht ganz klar. Meine Hose hat farbige Streifen an den Nähten. Und die Jacke besitzt Aufsätze an den Ärmeln. Es ist eher eine Schmuckuniform, keine Felduniform, eine Uniform für das Büro ...

Wir sind eine Gruppe von Männern und stehen vor einer Landkarte von Deutschland. Und wir sind in Italien, 1944. Ich weiß nicht ... doch, es ist der italienische Faschismus. Es hat mit den Nazis zu tun. Da kommen mir jetzt solche Sätze wie: Der Krieg ist bald zu Ende. Die anderen Männer, die ich vorher gewaschen habe, die kamen aus dem Ersten Weltkrieg; dies ist der Zweite Weltkrieg.

Ich fahre mit einem Mann im Auto. Ein Fahrer, und daneben sitzt der Oberst, und dann bin ich auch noch da und ein weiterer Mann. Ich bin ihm unterstellt. Wir wollen ins Lazarett. Dort steigen wir aus dem Auto und grüßen. Der Oberst geht mit schnellen Schritten durch den Gang, und wir gehen hinterher. Da liegen viele Männer in grünlichen Kleidern. Es sind Krankenlager. Ich höre es stöhnen und rieche die stickige Luft. Wir gehen nach vorne hindurch und treffen den Kommandanten. Sie unterhalten sich. Ich höre immer zu, denn ich bin ihr Begleiter. Sie haben zuwenig Leute für den nächsten Einsatz. Von den Kranken kann keiner mehr zum Marschieren gebraucht werden.

Also, ich begleite immer diesen Oberst, und er steht vor einer Reihe von Soldaten. Sie haben Stiefel an und Helme auf. Sie sehen alle ziemlich müde und hungrig aus. Es geht um die Verteidigung. Der Krieg nähert sich seinem Ende, und der Oberst ruft die Leute auf, noch einmal ins Feld zu ziehen und den Feind aufzuhalten. Die Deutschen sind unsere Feinde. Die Niederlage ist sowieso auf unserer Seite, aber es wäre gut, wenn sie nicht so weit eindringen würden, so dass man sich nicht ganz ergeben muss.

Und ich ... also, ein Teil von mir denkt, das ist ein Spiel. Aber da ist auch ein Teil in mir, der kämpfen will und durch die Worte des Oberst angefeuert wird und zum Gewehr greifen will, um die Feinde aufzuhalten, damit sie uns nicht überwältigen. Ja, ich bekomme eine kleine Gruppe, mit der ich vorangehen muss. Ich werde Führer einer kleinen Gruppe. Es gibt eine Hauptlinie, und zur Verteidigung rechts und links stehen kleine Gruppen, die die Feinde umzingeln sollen. Ich bin der Anführer der rechten Truppe. Jetzt trage ich auch die dicken Stiefel, Feldstecher, Patronengürtel und Maschinengewehr.

Ich bin sehr aggressiv, habe das Gefühl, dass der Feind vernichtet werden muss. Das sage ich auch zu meinen Leuten: >Ob wir tot oder lebendig sind, das ist egal. Der Feind muss vernichtet werden!<

Ich habe einen Wut gegen den Feind, will ihn total niedermetzeln und der Erde gleichmachen. Ich sage: >Wir machen sie dem Erdboden gleich!< Und auch: >Es geht um unsere Familien, um eure Kinder! Besser ein toter Vater als ein Feigling!<

Wut und Aggression bringen das Blut in Wallung, und der Körper wird wach. Er wird voranschreiten. Meine letzten Reserven werden hoch gepeitscht. Ich habe einen Hass gegen diese Blonden und Blauäugigen, weil sie sich einbilden, dass sie die Herren sind.

Wir gehen durch unwegsames Gelände. Es ist Nacht. Die Männer schlafen eine Stunde und ich auch. Ein anderer hält Wache. Im Morgengrauen wird es losgehen. Ich habe wirklich das Gefühl, ich will das Blut sehen, und die sollen richtig zermetzelt werden!"

Hier mache ich eine Pause und fordere sie auf, von den Bildern Abstand zu nehmen. Ich lasse die Bilder zurücktreten und bitte sie, jetzt mit einem Abstand die Szene zu betrachten und sich zu fragen, was sie für sich selbst daraus erkennen kann.

Es gibt diese Seite im Menschen: Der Drang zu überleben, sich gegen einen Angreifer zu verteidigen. Bei den Tieren ist es auch so, und es entstehen dann körperliche Reaktionen, die die Kraft freisetzen, die für den Kampf nötig ist. Das ist bei den Menschen auch noch so. Ich erkenne, dass es nicht grausam ist. Es ist einfach Instinkt, der Drang zu überleben. Das ist ganz in Ordnung. Aber man muss lernen, es zu überwinden."

Gerika fühlt nach dieser Sitzung noch den Hass und die Wut, kann diese Gefühle aber erstmals an sich akzeptieren. Sie drückt ihr Verstehen aus, dass jede Erfahrung des Menschseins notwendig ist, um die Gesamtheit zu erkennen.

Siebte Sitzung

Gerika sagt am Anfang der siebten Sitzung, sie könne nicht allein sein und sei immer mit anderen zusammen. Es scheint eine Angst von der Einsamkeit vorzuliegen. Sie wird immer in das hineingezogen, was andere vorhaben und kann sich nicht abgrenzen.
Nach der Entspannung frage ich sie, ob wir es mit einem Erlebnis oder einer Erfahrung aufklären können, dass sie

nicht allein sein kann. Nachdem sie eine Weile still ist, erzählt sie:

„Ich gehe allein durch einen Tannenwald. Ich laufe weg." (Sie stöhnt.) „Das ist so ... ich laufe aus einem Dorf weg, weil ich Angst habe. Ich denke, ich bin verloren. Man wird mich hinrichten. Sie verfolgen mich wohl nicht, aber ... Ich habe einen langen Rock an, den raffe ich hoch.
Ich denke: >Nur der Teufel kann mich retten, ... ihm macht das nichts aus, was ich getan habe.< Ich habe einen Mann erstochen. Ich weiß nicht, ob er tot ist, aber ich wollte, dass er tot ist. Jetzt will ich in den Wald, um auf den Teufel zu warten, nur habe ich ihn noch nie gesehen, aber von ihm gehört."

Ich frage sie: „Was weißt du von dem Teufel?"

„Er ist böse und mächtig, bringt die Pest, tötet die Leute und führt sie an der Nase herum. Ich weiß nicht, ob ich schon irgendwann mit ihm zu tun hatte. Ab und zu habe ich an ihn gedacht.
Es muss erst dunkel werden, dann kommt jemand. Er ist schwarz, ha! Ich weiß nicht, wer das ist. Eine schwarze Gestalt. Ein Mann mit einem schwarzen Hut, ganz in Schwarz und sehr bleich. Mir wird kalt, wenn ich ihn ansehe. Er sagt: > Ich stehe zu deinen Diensten.< Er will mich anfassen, aber das ist mir sehr widerlich.
Ich sage: >Ich habe jemanden umgebracht, und ich will nicht sterben.!" Er muss mir helfen. Er sagt, dann müsse ich ihm auch helfen. Er könne jemanden gebrauchen, der Säfte braut für Leute, die es dann abholen. Ich frage: >Wofür?< Er sagt, das gehe mich nichts an. Ich brauchte nur die Kräuter zu sammeln, er sagt mir die Zusammensetzung, und sie holen es ab. Ich glaube, dass es Gift werden soll, und denke, ich muss einen anderen Ausweg finden.

Doch ich finde keine Ruhe und gehe auf das ein, was er sagt. Ich verspreche ihm meine Seele, das bedeutet, dass ich nicht mehr lieben muss." (Sie weint.) „Ich habe wohl den Mann wirklich umbringen wollen, denn ich wollte sehr viel von ihm und wollte, dass er mich liebt. Aber er wollte eine andere Frau heiraten. Und er hat gesagt, ich bin eine Dirne. – Ich bin jetzt immer noch mit dem schwarzen Mann zusammen, und er will mich körperlich berühren, aber ich sage: >Hau ab! Sonst ersteche ich dich auch noch!< Und er sagt ganz höhnisch: >Das erschreckt mich nicht!<

In mir ist etwas sehr deutlich: Ich möchte auch so böse sein wie er. Er ist so unverwundbar, kennt den Schmerz nicht. Er ist so abgrundtief eklig, und in ihm ist doch etwas, das mich geradezu anzieht." (Sie lacht ein bisschen.)

Sie ist eine Zeitlang still.

„Jetzt kommen Kräuternamen durch: Ringelblume, Tausendgüldenkraut, ranziges Fett, Froschblut, Kaninchenohren, Fuchskralle, ein Stück von einem Hundeschwanz – igittigitt! Schlangenhaut. Er sagt, es ist meine Aufgabe, das alles zu finden. Ich weiß nicht, wie ich es finden soll. Er gibt mir ein Messer und einen Kessel, darin soll alles zusammen geschmort werden. Er sagt, zuerst soll ich das Froschblut trinken, damit ich kalt werde. Bäh! Ich weiß, dass es für mich kein Zurück mehr gibt, ich weiß, dass mein Körper sich dadurch verändern wird. Das Gewebe wird anders, das Feinstoffliche verschwindet, als ob sich der feinstoffliche Körper ganz auflösen wird. Alles wird zäher, wie Leder.

In mir kommt der Wunsch auf: Ich will böse sein! Aber auch: Ich will kein Mensch mehr sein! Ich will ... ja, wie ein Ungeheuer sein und die anderen erschrecken. Ich will nicht mehr leiden! Die anderen Menschen leiden sowieso, oder sie sind zu dumm. Von Menschen halte ich nichts, nur von den Kindern, die sind anders. Die Kinder waren die einzigen, mit denen ich mich verstanden habe." (Sie weint.)

„Ich habe das Gefühl, als wäre meine Seele weit von mir fort, aber ich bin mit ihr verbunden wie mit einer Nabelschnur. Tagsüber hat sie sich ganz zurückgezogen. Dadurch bin ich körperlich sehr unempfindlich geworden. Kälte und Regen machen mir nichts aus. Ich kann mich auf den Boden legen, und meine Haut ist ganz unempfindlich, kann aber auch nichts Weiches und Schönes mehr empfinden.

Die Empfindungen und Gefühle vergehen, und ich schaue ganz anders durch meine Augen. Auf alles wie mit Hass, so schaue ich. Wenn es grün ist oder die Blumen blühen, stört es mich. In mir ist so etwas wie eine Sehnsucht nach einer verdorrten, trockenen, toten Landschaft. Ääää!" (Sie ekelt sich.) „Die Natur, der Wald ist teilweise sehr lieblich und friedlich. Das möchte ich durchbrechen! Ich habe aber nicht die Macht dazu. Ich habe leider keine Macht.

Zuerst muss ich dem Teufel dienen und längere Zeit diese Säfte brauen. Nichts sonst. Ich verstehe nichts und habe keine Macht. Aber ich kann die Vögel erschrecken, nur durch meinen bösen Blick. Ich sehe sie einfach an und lache. Dann habe ich das Gefühl, sie ziehen sich zurück und flattern hoch. Dann ist nichts Lebendiges mehr in meiner Umgebung ..."

Sie schweigt, und ich frage nach einer Weile: „Wie lebst du damit weiter?"

„Ich bin im Wald, habe eine Feuerstelle und Reisig, Bündel von Reisig. Ein Haus kann ich nicht sehen. Auf dem Boden unter einem Baum schlafe ich, ha! Doch ich habe noch das Bedürfnis, dass etwas Lebendiges in meiner Nähe sein soll, das auch so böse ist: aber da gibt es nichts. Zuerst war noch ein Uhu im Baum, der ist jetzt auch fort.

Der Baum ist ziemlich kahl, besonders die unteren Zweige. In mir fühle ich mich sehr zwiegespalten; einerseits freut es mich, dass alles Lebendige gewichen ist, aber dann möchte ich ein Tier haben, das bei mir bleibt. Aber da ist keines, da ist überhaupt nichts!
Tagsüber schlafe ich viel, und in der Dämmerung sammele ich die Kräuter. Wenn es dunkel ist, fange ich Frösche. Die Tiere kann ich nur finden, wenn sie schlafen. Ich kann in der Dunkelheit sehen, denn es ist nie ganz dunkel für mich. Aber alles weicht von mir, und mir wird langweilig."

Ich frage sie: „Wie lange gilt dein Abkommen mit dem Teufel?"

„Für immer. Es wird nur anders, wenn ich bereue. Also, ich habe mir das vorher nicht vorstellen können, wie es ist, aber ich habe es nun so gewählt, ja, es war mein Schmerz und die Neugier. Ja, ich habe es so gewählt ..."

Nach einer Pause:

„Der Teufel macht mir jetzt ein Angebot, so dass es weitergehen könnte und ich etwas anderes tun kann, außer Säfte zu brauen. Dafür will er mir einen Toten bringen.
Als er das sagt, erschreckt es mich doch, und das erinnert mich wieder an Hans, der mich so enttäuscht hat. Also, ich will keine toten Menschen! Aber der Teufel sagt, es gibt nur vor oder zurück. Entweder ich mache das, oder ich werde hingerichtet. Aber ich kann das nicht machen.
Ich soll aus dem Blut der Toten wieder Säfte brauen, solange es noch warm ist. Ich soll es in einem Kessel schütten und die Augen für andere Zwecke benutzen, damit die Leute blind werden. Die Finger- und Fußnä-

gel soll ich herausziehen, damit den Leuten die Zähne ausfallen, die das trinken. Es soll Krankheit bringen."

Ich bitte sie, den Teufel genau anzuschauen und wahrzunehmen, wie der Teufel ist.

„Ich habe das Gefühl, wenn ich ihn erstechen wollte, würde kein Blut fließen, auch könnte ich nicht durch seine Haut durch. Wenn ihn jemand erwürgen würde, dann bliebe ihm nicht die Luft weg. Er hat keinen lichten und feinstofflichen Körper, sondern ist grau. Ich kann ihm nie in die Augen sehen, er zeigt sie nicht. Er kann plötzlich erscheinen und wieder verschwinden und kann Gegenstände zum Vorschein bringen – wie den Kessel, den er mir gegeben hat. Es ist, als ob der die Gegenstände und Tiere woanders entmaterialisiert und dann wieder hervorholt."

Ich frage sie: „Wozu braucht dich der Teufel?"

„Er ist die Versuchung, sich im Leid zu verhärten, und ich könnte den Weg weitergehen. Es ist wie eine Lehre oder Prüfung, wie eine erste Stufe, also: Noch ist die Nabelschnur zu meiner Seele vorhanden, noch habe ich mich nicht ganz auf diesen Weg eingelassen. Das Leid, das ich nicht ertragen will, ist die Ursache."

Sie schweigt eine Zeitlang, und dann sagt sie beunruhigt:

„Jetzt habe ich ein ganz komischen Gefühl. Mir dreht sich alles. Es macht mir ganz viel Angst! Ich weiß nicht, wo oben und wo unten ist. Wie kurz vor der Ohnmacht."

Ich weise sie auf das Wort hin – „Ohnmacht". Sie soll sich klarmachen, was das heißt.

„Ohne Macht! Der ganze Körper dreht sich. Ich habe kein Bild dazu, nur dieses Drehen. Es dreht und dreht und dreht! Alles ist so grau, und ich weiß nicht, wohin es dreht. Als ob ich auf dieser Couch kippe. Ich weiß nicht, was das ist. Jetzt zur anderen Seite. Ich habe Angst, dass ich hinausgeschleudert werde. Das, was um mich herum ist, schleudert …"

Wieder eine kurze Pause und dann:

„Jetzt habe ich das Gefühl, in einem tiefen Ozean zu sein. Als ob über mir ganz viel Wasser ist. Die Schaukelbewegung ist noch da. Als ob ganz viel auf mir liegt. Ich bin noch immer unterhalb des Ozeans."

Weil sie noch immer beunruhigt ist, sage ich ihr, sie soll ihren Willen benutzen und entscheiden, was sie will, um dann weiter zu sehen, was geschieht.

Ich will nach oben, ich will wieder ans Licht! … Ha, irgendwie bin ich jetzt … habe ich das Gefühl, mein Körper ist noch unten und ist tot. Ich kann jetzt oben auf dem Wasser etwas wie ein Schiff sehen. Aber das ist ein anderes Leben als vorher. Es hat auch etwas mit dem dunklen Pfad zu tun. Dieses Drehen war wohl wie ins Wasser sinken. Dann waren da die Meerestiere. Jetzt bin ich tot und sehe es von oben."

Hier unterbreche ich die Sitzung und hole sie langsam aus der Entspannung zurück.

Nach der siebten Sitzung ist Gerika erschrocken und verwirrt, besonders über die Teufelsgeschichte. „Gibt es denn wirklich einen Teufel?" fragt sie mich. Sie ist wieder unschlüssig, was sie von sich selbst halten soll. Darf sie ihren inneren Wahrnehmungen trauen? – Ich kann ihr mit keiner Erklärung helfen; denn ich meine, dass sich ihr Problem nicht dadurch lösen lässt, mir mehr zu trauen als sich selbst. Deshalb gebe ich ihr nur die Versicherung, dass ich ihr dabei helfen werde, die Antwort selbst zu finden.

Achte Sitzung

In der achten Sitzung erinnert sich Gerika daran, dass Hans sein Wort gebrochen hatte und sie ihm das nicht verzeihen konnte. Deshalb hat sie ihn erstochen. Sie erzählt, dass sie es heute noch sehr schwer hat, ihren Freunden zu verzeihen, die etwas getan haben, was sie nicht billigen konnte.
Sie ist über die dunklen Mächte beunruhigt, meint aber, dass sie schon geahnt habe, damit in Verbindung zu stehen. Ich beginne nach der Entspannung mit der Frage: „Was hast du noch mit den dunklen Mächten zu tun?"

„Ich bin auf einem Schiff; es ist das Schiff von gestern. Ich bin ein Mann, 28 Jahre alt, und bin Arzt, Assistenzarzt. Es ist ein großes Schiff, ein Passagier - Schiff. Es ist hier ein bisschen langweilig. Die Leute haben eben immer nur Seekrankheiten, und dafür gibt es Tabletten. Da ist jemand, dem will ich nicht helfen. Ich bin in einer Kabine, er hat Fieber, und ich glaube, der andere Arzt schläft. Der Kapitän hat Fieber, und ich gebe ihm absichtlich die falschen Tabletten. Er soll sterben. Er ist ein guter, verantwortungsbewusster Mensch. Ich bin böse und will, das es Panik gibt und Unheil über das Schiff kommt. Deshalb gebe ich ihm die falschen Tabletten und warte. Als es ihm schlechter geht, hole ich den anderen Arzt. Es kommt zum Herzversagen, und ich sage: >Es kam ganz plötzlich!< Ich habe keine Freude in mir, auch keinen Triumph. Ich bin eiskalt und handele einfach ohne Gefühl. Der Kapitän ist tot. Der andere merkt nichts davon, er stellt nur plötzliches Herzversagen fest. Es gibt wohl niemanden, der den Platz des Kapitäns einnehmen kann ...

Wir wollen nach Amerika und kommen aus Spanien. Es ist wohl 1903. Es ist ein spanischer Name an dem Schiff. Am Ende steht etwas wie: d´Espanol.

Der Erste Steuermann will Kapitän werden, aber die Mannschaft ist dagegen. Der Zweite Steuermann möchte auch gern den Platz einnehmen, und hinter ihm steht die Mannschaft. Ich kann jetzt nicht sehen, wie es weitergeht. Mich selbst bewegt es nicht, ich bin eiskalt.

Der Kapitän wird bestattet, und ich bekreuzige mich, aber ich habe die linke Hand auf dem Rücken. Damit leite ich das Kreuz ab. Dadurch ist es aufgehoben. Das Bekreuzigen bedeutet, sich auf die Seite von Jesus Christus zu stellen. Ich bin aber schon so wie ein Automat und fühle mich nicht wohl, wenn ich mich bekreuzige. Ich muss es so ableiten, sonst entsteht zuviel Spannung in mir.

Aus irgendeinem Grunde muss das Schiff untergehen, und ich weiß das auch. Der Erste Steuermann und ich sollen es bewirken. Ich weiß nicht, von wem ich den Auftrag bekommen habe. An Deck ist eine geweihte Fracht, eine Bibel, ein Tuch für einen Altar und ein Kreuz. Deswegen soll es untergehen. Ich habe kein Gefühl dazu, auch nicht den Vernichtungswunsch. Ich handele im Auftrag."

Ich frage sie: „Wie hast du deinen Auftrag erhalten? Schau dorthin zurück!"

„An Land ist eine geheime Versammlung, und alle Anwesenden sind verhüllt. Keiner soll den anderen kennen. Ich bekomme meinen Auftrag in einem Brief. >Gehe hin und trage dazu bei, dass das Schiff versenkt wird!<

Es ist dämmrig, und es ist keine Kerze da, nur einige Steine, die leuchten. Kerzen wären zu hell. Es ist geheim, und keiner braucht den anderen zu kennen. Wir haben einen Meister, aber er erscheint nie, es ist nur eine Stimme zu hören. Sie klingt so wie ein... nicht wie von einem Menschen, sondern wie aus der Tiefe, ein Pfeifen, Heulen und Quietschen. Wie vom Wind getragen.

Äh! Bäh! (Sie ekelt sich.) „Ich bin wie hypnotisiert, und es ist so ... ich muss einfach tun, was er sagt. Das ist wieder eine weitere Stufe.

Ich suche nach meiner Seele und weiß nicht genau, wo sie ist. Sie ist nicht um meinen Körper herum, sondern weiter entfernt. Aber das Band ist noch nicht ganz zerschnitten. Manchmal erinnere ich mich, aber trotzdem, es wirkt wie ein Zwang auf mich. Manchmal denke ich: >Ich will nicht, ich will nicht!< Dann höre ich sofort eine Stimme, die sagt: >Warte es ab! Sei geduldig!<

Es ist wie ein Netz, aus dem ich mich nicht mehr entfernen kann. Es ist irgend etwas oder eine Person von dieser Seite immer in der Nähe, obwohl ich keinen kenne und es nicht greifbar ist. Ich werde beobachtet.

Auf dem Schiff springe ich von selbst ins Wasser, weil es keinen anderen Ausweg für mich gibt. Mir ist es egal, ob das Schiff untergeht. Es ist für mich der einzige Ausweg, um aus diesem Netz zu entschlüpfen. Irgendwie ... ja, ich bin da auf den Grund gekommen und bin jetzt ohne Körper über dem Wasser.

Ja, ich bin ertrunken. Das Schiff ist auch umgekippt, und alles schwimmt im Wasser, auch Ertrunkene. Ich sehe es an und weiß nun nicht mehr, wohin ich mich wenden soll."

Ich frage: „Verstehst du den Sinn dieses Erlebnisses jetzt nach deinem Tod besser?"

„Ich fühle mich nicht so richtig verantwortlich, aber ich weiß doch, dass ich es bin. Die Verantwortung kann ich nicht fühlen. Es ist eher so, als ob jemand mir Unrecht getan hat.

Irgendwie ist es jetzt auch ganz anders. Ich bin nicht frei, fühle mich beschwert, und eben kam mir ... ich glaube, ich war ziemlich lange über dem Wasser, habe mir alles angesehen und wusste nicht wohin. Dann kam eine Lichtgestalt, und es war, als ob sie mich holen wollte.

Ich folge ihr in eine dunkle Ebene, denn ich kann das Licht nicht aushalten. Wohin ich komme, ist eine öde Landschaft, wie kleine Mondkrater. Es sind auch andere verstorbene Menschen dort, viele, viele, viele! Viele streifen umher. Aber wenn wir uns sehen, erschrecken wir voreinander und verstecken uns. Jeder ist allein, ja, jeder ist ganz allein! Es ist auch still hier, eine unangenehme Stille.

Ich grabe in der Erde in trockenem Boden. Dann schaufele ich die Erde rechts und links über mich wie zu einem Grab. Ich möchte in einem Grab liegen, um Ruhe zu finden, aber die Ruhe kommt nicht. Ich bleibe unruhig, stehe wieder auf, und auch die anderen suchen nach Ruhe, nach einem Ende, aber es gibt kein Ende.

Es gibt Höhlen, aber sonst ist nichts da. An einer Stelle geht es in einen Bereich weiter, da ist es noch dunkler, noch schwärzer. Und es gibt niemals ein Ende."

Ich frage sie: „Gibt es einen Grund, dass du gerade hierher gekommen bist? Hast du eine Lernaufgabe?"

„Es ist die Trostlosigkeit. Ich muss so lange hier bleiben, bis alles ausgeglichen ist; das ist eine Konsequenz meines Tuns. Aber in mir ist kein Gefühl, nur diese Ruhelosigkeit und das trostlose Grau. Ich kann nicht einmal sagen, dass es besonders schrecklich ist. Hm. Es ist nur so: es gibt kein Ende, keinen Stillstand, und jeder geht, entweder geht er zur schwarzen Seite weiter oder in die andere Richtung. In die mehr graue Ebene."

Ich frage sie: „Wovon hängt die Richtung ab?"

„Ich weiß nur, wann die Zeit ausgeglichen ist oder auch die Qualität. Wenn alles wieder im Gleichgewicht ist, werde ich nach oben gespült. Ich habe immer noch keinen Willen, nur eine Sehnsucht. Ich denke es zu Ende, immer fester zu werden und immer dunkler. Ob es dann ein Ende gibt und so etwas wie ein Ausgelöscht sein? Aber das gibt es nicht. Es kann immer noch fester und kälter werden. Dann habe ich auch den Wunsch, dieses Trübe abzuschütteln.
Es ist mir immer noch nicht alles klar: Es ist mir noch so, als ob ich überwältigt worden bin. Ich habe nicht verstanden, dass es mich dahin führt. Noch sehe ich nicht ein, dass es meine Schuld ist. Es ist die Schuld des Bösen, dass es vorhanden ist.
Ich kann nicht bereuen, was ich getan habe, weil ich es doch nicht tun wollte. Ich wollte es ja gar nicht. Ich durfte dem Arzt nicht helfen, denn ich war besessen. Ich weiß noch nicht, wie ich mit dem Bösen umzugehen habe. Wenn ich ihm zu nahe komme, werde ich von ihm verschlungen, und gehe ich weg, kommt es mir vor, als ob ich fliehe."

Hier gebe ich ihr den Auftrag, sich über das Böse klar zu werden, und beende die achte Sitzung. Als wir hinterher zusammen Tee trinken, zeigt mir Gerika, dass ihr vor sich selbst etwas graut. Im Tagesbewusstsein ist ihr die eigene Schuld klar.
Gleichzeitig bleibt das Gefühl aus dem Erlebnis zurück, dem Bösen ausgeliefert zu sein. Die Kraft der dunklen Mächte scheint sie zu zwingen, sie selbst hat keinen eigenen Willen mehr. Und das Licht ist ihr zu hell, es schmerzt sie, sich zum Licht zu wenden. Trotzdem sind immer Lichtquellen dort, die sie ohne Vorwurf oder Anklage führen.

Neunte Sitzung

In der neunten Sitzung sagt Gerika zu Beginn:
„Das Teuflische ist noch in mir. Ich kann nicht verzeihen. Ich habe Angst, dass die anderen über mich triumphieren könnten, wenn sie mich übervorteilt haben. Deswegen kann ich nicht verzeihen. Ich bin auch launisch, sagen andere. Meine Stimmung wechselt manchmal jäh, wenn jemand ein falsches Wort gesagt hat."
Nachdem wir uns darüber eine Zeitlang unterhalten haben, legt sie sich auf die Couch, und ich sage einige Sätze zur Entspannung. Dann frage ich sie: „Schau noch einmal in den dunklen Bereich. Musst du da noch etwas verstehen?"
„Ich sehe die schwarze Gestalt an einem runden Tisch, es steht eine Kerze darauf. Wieder kann ich das Gesicht nicht richtig erkennen, besonders die Augen nicht.
Es ist wohl Nacht, alles schläft in dem Haus, in dem ich wohne. Ich bin aufgewacht und in diesen Raum gegangen. Da steht ein runder Tisch und eine Eckbank, zwei, drei Stühle, ein Holzfußboden. Ich bin eine Frau, trage lange, dicke blonde Haare und bin ganz rundlich, üppig.
Jetzt gehe ich auf die Gestalt am Tisch zu und sage: >Was willst Du? Lass mich endlich in Ruhe! Ich will nichts mit dir zu tun haben!< Und die Gestalt sagt: >Die Rechnung ist noch nicht beglichen. Du bist mir noch etwas schuldig.<
Er ist schon einige Male gekommen. Es ist ein anderes Gefühl in mir, ich bin viel wärmer. Er kommt nachts, ist einfach da, und ich werde wach. Er geht wohl durch die Tür, aber ich höre keine Schritte, wenn er fortgeht. Es ist, als ob er verschwindet. Ich weiß nicht, was ich für ihn tun soll. Er sagt, wenn ich nichts für ihn tue, wird mein Mann bald sterben. Ich bekomme einen Schrecken, aber ich glaube ihm nicht ganz, weil ich

denke, mein Mann ist auch sehr stark. Und der Teufel hat nicht die Macht, ihn zu töten."

Ich frage „Was meint er damit, dass die Rechnung noch nicht beglichen ist?"

„Er hat etwas für mich getan. Ja, wir konnten durch ihn in dem Haus bleiben, in dem wir leben."

Ich sage zu ihr: „Blende zurück zu dem Zeitpunkt, wo sich das entscheidet."

„Ha! Wir müssen dort ausziehen, wo wir wohnen, weil der Besitzer da leben will. Das Haus hat einen Garten, und es ist ziemlich hart für uns, weil es kaum eine andere Wohnung gibt. Außerdem ist es sehr schön hier. Mein Mann arbeitet in der Mühle in der Nähe. Sonst müssen wir ins nächste Dorf ziehen, und darüber ärgere ich mich. Ich ärgere mich über den Besitzer, das ist ein gemeiner Hund!
Ich bin allein und überlege, was ich tun kann, gehe hin und her und sage: >Ach, wenn es doch irgendeine Möglichkeit gäbe!< Und dann kommt diese Gestalt und klopft an.
Ich habe den Gedanken, dass dieser Besitzer selbst so böse ist, dass er den Teufel schon verdient hat. Die Gestalt bietet mir an ... ich bin irgendwie gar nicht erstaunt, dass sie da ist und glaube, wenn ich an den Teufel denke, kommt er tatsächlich. Ich bin eher belustigt, erkenne ihn sogleich als den Teufel an und denke: >So eine komische Gestalt, das muss der Teufel sein!< Ein bisschen Angst habe ich schon, aber nicht besonders ... Ich fühle mich ganz stark ihm gegenüber und denke sogar: >Meine Seele bekommt er nicht!< Er macht mir das Angebot, etwas zu tun, damit wir in dem Haus bleiben können. Das freut mich. Ich sage dann: >Es soll nichts Bedenkliches passieren! Es ist richtig, dass dem Besitzer eins ausgewischt wird, aber

es soll nicht zu Mord oder Totschlag kommen.< Und er sagt, er wird ihm im Traum erscheinen und für ihn deutlich machen, dass er habgierig ist.

Das gefällt mir gut! Es amüsiert mich sogar, wenn ich daran denke, dass er Alpträume und Angst bekommt. Das finde ich sehr gut!" (Sie lacht.) „Er sagt: >Du willst, dass ich dir helfe?< Und ich sage: >Ja, wenn nichts Schlimmes passiert.< Er meint dann, er überlässt es alles mir und verschwindet wieder. Dann habe ich aber doch ein komisches Gefühl und bin innerlich sehr unruhig. Es passiert, wie er gesagt hat. Eine Woche später kommt der Besitzer vorbei und sagt mürrisch, dass er seine Meinung geändert habe und wir in dem Haus bleiben könnten. Dann geht er wieder weg. Er ist ganz kurz und mürrisch.

Die schwarze Gestalt kommt wieder zu mir und sagt: >Es ist nun an der Zeit, dass du deinen Teil bezahlst!< Ja, er will, dass jemand durch meine Hilfe unter seinen Einfluss gerät, entweder ich selbst, mein Mann oder eins von meinen Kindern. Oh ... ich sage, ich will ihm nichts geben, danke ihm, dass er mir geholfen hat und erkläre, er hätte seinen Spaß daran gehabt. Ich könnte ihm nur ein gutes Mahl – also ein gutes Essen – geben. Da lacht er höhnisch und verschwindet.

Ab und zu kommt er aber wieder und erinnert mich. Jedes mal fragt er mich wieder und erinnert mich, und ich streite mit ihm. Er will seine Schulden eintreiben. Er ist ganz geduldig. Er kommt vier- bis fünfmal. Es macht mich immer unruhiger und tut seine Wirkung. Ich möchte ihm auch nichts schuldig bleiben, aber wir können uns auf nichts einigen. Ich möchte den Teufel an der Nase herumführen, zwar möchte ich ihm etwas geben, aber was ich ihm anbiete, stellt ihn nicht zufrieden. Er ist wohl kein starker Teufel, ich fühle mich eigentlich stärker, als er ist. Und trotzdem wächst die Unruhe.

Ich biete ihm Blumen an oder dass ich ihm ein schönes Essen koche. Aber das sind Dinge, die ihn krän-

59

ken. Sie haben mit Freude zu tun, und das geht nicht, er will das Leid. Er verlangt, dass ich die Hühner des Nachbarn vergifte, aber ich sage nein!

Eines Tages kommt er zum letzten Mal. Er sagt, er holt meinen Mann, doch ich glaube ihm nicht. Aber ich sage es meinem Mann auch nicht. Er ist zu gutmütig, er würde es nicht verstehen, auch nicht mehr in dem Haus wohnen bleiben wollen. Ich glaube einfach nicht, dass der Teufel genug Macht hat! Er kommt mir etwas lächerlich vor. Aber ich bete jeden Tag zu Gott, dass er mir verzeiht.

Etwas später stirbt mein Mann bei einem Unfall an der Mühle. Ich bin nicht dabei, es wird mir nur erzählt. Es lockert sich ein großes Mühlenrad, und er wird zwischen zwei Mühlenrädern zerquetscht.

Die Leute sagen: >Was für ein schrecklicher Unfall!< Ich bin ganz traurig und denke ... Ich frage mich, ob es der Teufel war, der etwas an dem Mühlenstein gelockert hatte ... Ich bin nicht sicher, ob er es gewesen ist und ob es meine Schuld war. Doch ich habe ein schlechtes Gewissen, ja, es tut mir jetzt sehr leid!

Schließlich gehe ich zum Pastor, erzähle ihm alles und sage: >Ich möchte auch sterben!<" (Sie weint leise.)

„Der Pastor meint, dass es sehr leichtfertig war, was ich da getrieben habe, aber es kann nicht der Teufel gewesen sein, weil mein Mann sehr fromm war. Ich müsse nun auf mich selbst aufpassen, denn ich sei in einer viel größeren Gefahr als zu sterben.

Jetzt bin ich sehr verzweifelt und frage ihn, ob er wirklich glaubt, dass es mit meinem Mann etwas anderes war. Er sagt: >Ja, ich will dich nicht zu Unrecht trösten, aber der Teufel hat keine Macht über eine Seele, die so gläubig ist. Dein Mann ist gut gewesen!< Dass es trotzdem so zusammenkommt, sei für mich eine Warnung, und er sagt, ich wäre noch in Gefahr, und der Teufel hätte viel Zeit und Geduld, und wer sich einmal eingelassen hat, kommt nicht so schnell davon. Die Rechnung würde nicht vergessen werden.

Ich vertraue dem Pastor, dass er es weiß ... und ich ärgere mich ... Ich bin noch traurig, verzweifelt und ärgere mich über mich selbst und meine Dummheit und würde diesen blöden Teufel gern los sein! Ich ärgere mich über ihn und denke: >Der Teufel ist böse, dem geschieht es recht, wenn er auch einmal ausgenutzt wird.<"

Ich frage sie: „Was kannst du tun als Schuldner des Teufels?"

„Ich kann mich nur ganz auf die Seite des Glaubens stellen und um Vergebung der Sünden bitten. Es gibt nichts anderes. Aber in mir ist noch Ärger. Wenn ich den Ärger nicht loslasse, dann gibt es auch kein Loskommen von diesem Bund. Es gibt nur den Weg, reingewaschen zu werden."

Ich frage: „Wodurch wirst du reingewaschen?"

„Durch die Reue. Der Pastor sagt, man kann nicht gegen den Teufel kämpfen. Er ist gut, und ich danke ihm. Also in diesem Leben kommt der Teufel nicht zurück, aber wenn ich sterbe, kommt er. Ich bin alt, ganz alt und liege in meinem Bett mit vielen Spitzendeckchen. Da ist meine Tochter mit ihrem Mann, und ich bitte sie, den Pastor zu holen. Es ist ein neuer, ein junger Pastor, aber er kommt nicht mehr rechtzeitig. Ihr Mann geht, um ihn zu holen, und bleibt zu lange fort ...
Ich weiß, dass ich in eine ganz dunkle Ebene komme, wenn ich gestorben bin. Kaum, dass ich meinen Körper verlasse, werde ich eingefangen. Ich höre höhnische Stimmen wie: >Siehst du, siehst du, jetzt gehörst du mir eine Zeitlang!< Ja, ich bin einverstanden, wenn es nur eine begrenzte Zeit ist. Es ist gut, wenn ich meine Schuld so bezahlen kann!"

Ich frage: „Was geschieht mit dir dort?"

„Es ist so dunkel wie schwarzer Nebel, und ich empfinde Hohn um mich herum, ganz viel Hohn, und höre
ein Pfeifen und Heulen. Ein Teil in mir sieht das alles
nur einfach an."

Ich erinnere sie: „Es gab eine Zeit, wo du mit Licht geheilt
und das Dunkel nicht verstanden hast. Weißt du jetzt mehr
von dem Dunklen? Und von dem Teufel?"

„Ich verstehe jetzt mehr, was der Teufel ist. Der Teufel
ist" – (sie weint sehr.) – Der Teufel ist viel schwächer
als das Licht, ja, und irgendwie ist er mehr eine Sache
des Menschen als eine Sache Gottes. Er existiert als
eigenständiges Wesen und wird immerzu erschaffen.
Er wird durch Gedanken erzeugt und ist dann eigenständig. Wenn er genug Gedanken hat, kann er sich
selbst fortbewegen. Aber er benötigt neue Speise.
Wenn man an ihn denkt, zieht man ihn an. Dann sieht
er eine Möglichkeit, und die hat er ja auch.
Es ist die ewige Versuchung, den leichten Weg zu gehen und aus den Gesetzen herauszutreten. Aber der
Teufel wird durch Hass geschaffen und durch alles,
was nicht Liebe ist.
Ich bin sehr froh, es jetzt so klar zu sehen. Das Licht
ist viel älter. Es ist auch das Nein sagen, das den Teufel erschafft. Ja, ich kann das jetzt viel klarer erkennen. Das Nein sagen ist es ... Das Licht ist so deutlich.
Es fließt und fließt durch alles hindurch, was es gibt.
Aber es ist immer nur ein Schritt. Dort gibt es nur das
Ja, und das ist alles, was richtig ist und was zu tun ist.
Alles, was Nein ist, das will ich nicht ... nein, das ist
falsch! Auch das Urteil ist der Teufel. Etwas zu bewe r-
ten und zu verurteilen. Und zu sagen: Dies ist besser,
und jenes ist schlechter. Obwohl ... das verstehe ich
noch nicht ganz genau, jedenfalls: Das Licht zeigt mir
einen Weg. Und der Zweifel, der ist grau. Zweifel ist
Misstrauen, und das ist das gleiche wie: Nein! Das
Misstrauen verschließt. Aber am stärksten ist der Hass

und der Wunsch zu vernichten. Das alles konnte ich nicht erkennen, bevor ich das Dunkel kannte. Ich habe jetzt gespürt, es ist nur eine Prüfung."

Am Ende der neunten Sitzung geht Gerika sehr gelöst und froh von mir fort. Sie erkennt erleichtert, dass der Teufel nur ein Phantom ist, das von negativen Gedankenkräften geschaffen wird. Dadurch ist er zwar nicht weniger wirklich, aber sie fühlt, dass sie aufhören kann, ihn mit ihrer eigenen Negativität zu nähren und zu erhalten. Auch die Kraft des Lichtes ist ihr deutlich geworden. Wenn sie es lernt, zu den Ereignissen ihres Lebens „Ja" zu sagen, wachsen die heilsamen Lichtkräfte in ihr, und das Phantom des Teufels verliert seine Macht über sie.

Ich möchte an dieser Stelle bemerken, dass damit keineswegs gesagt ist, der Teufel sei nur Einbildung. Natürlich wirkt diese Kraft, wenn jemand sich im Glauben daran mit ihr verbindet. Und sie wirkt negativ, zerstörend und zersetzend.

Dennoch hat sie niemals mehr Macht, als der Mensch ihr gibt. Der freie Wille des Menschen entscheidet darüber, ob er sich der Finsternis oder dem Licht zuwendet. Die Folgen dieser Entscheidung trägt er selbst und lernt daran das Leben kennen.

Zehnte Sitzung

Die zehnte Sitzung beginnt damit, dass Gerika sich Gedanken macht, ob der Unfall ihres Mannes nicht doch vom Teufel hätte bewirkt werden können. Dann meint sie aber:

„Der Teufel hat es nicht bewirkt, er wusste aber, dass es passieren würde und hat sein Wissen ausgenutzt, um Angst zu verbreiten."

Gerika hat seit der letzten Sitzung einen Druck auf dem Herzen. Es ist schwer und fühlt sich verschlossen an.

Nach der Entspannung beginne ich mit der Frage: „Konzentriere dich auf dein Herz. Was ist damit?"

„Ich bin in meiner Kammer und kämme mich. Da steht ein Bett für eine Person mit einem dicken Federbett darauf. Ich warte, dass jemand kommt. Es ist Sonntagnachmittag, und ich warte, dass der Mann kommt, den ich gern habe.

Ich freue mich, dass ich schwanger bin, und will es ihm heute sagen. Er kommt. Er trägt eine braune Hose bis zu den Waden, ein weißes Hemd, hat hellbraune Haare und braune Augen. Ich finde ihn sehr schön.

Er kommt, und wir gehen hinaus auf die Wiese. Er ist guter Laune und übermütig. Es ist zwischen uns sehr sinnlich, und als wir auf der Wiese am Waldrand sind, schlafen wir zusammen. Anschließend erzähle ich ihm von der Schwangerschaft.

Er erschrickt sehr und sagt, das geht nicht! Er will das Kind nicht und sagt, es muss weg! Ich soll etwas unternehmen, Kräuter nehmen oder ähnliches. Er will nicht, dass überall bekannt wird, dass er der Vater ist. Deshalb ... Halb und halb wissen die Leute, dass wir zusammen sind. Er kommt aus dem nächsten Dorf, und ich arbeite in dieser Schenke.

Zuerst denke ich, er macht Spaß, und ich sage, er braucht keine Angst zu haben. Ich glaube, er hat vielleicht Angst. Wir haben es uns aber schon einmal ausgemalt, dass wir zusammen weggehen und eine Familie haben, aber ... Ich frage ihn, was los ist ... Er sagt, wir hatten eine schöne Zeit zusammen, und er wird es nie vergessen. Aber unsere Wege trennen sich.

Ich glaube ihm nicht. Er steht auf und will fort. Wir kehren zum Haus zurück, und er sagt, wir müssen Abschied nehmen. Ich frage ihn: >Bist du verrückt geworden?< Er meint, ich bin dumm und will die Wahrheit nicht sehen." (Sie weint sehr.)

„Ich frage ihn: >Welche Wahrheit meinst du? Und er antwortete nur: >Du bist eine Dirne, und ich kann dich sowieso niemals heiraten!< Sein Vater hat ein Gut, das verschuldet ist, und eigentlich mag er seinen Vater nicht. Darum wollte er früher mit mir fortgehen, aber jetzt will er doch bleiben und eine Frau heiraten, die Geld hat.

Ich schaue ihn an und kann es gar nicht fassen, denn ich habe an seine Liebe geglaubt, und irgendwie glaube ich noch, dass er mich liebt. Er ist nur so feige! Ich schreie ihn an und frage ihn, ob er nicht sehr unglücklich wird, wenn er das macht. Er sagt, das müsste er schon selber wissen, wie er unglücklich wird. Irgendwie verschließt er sich gegen mich.

Ich fühle mich sehr allein, und ich sage, ich hasse ihn, und er soll gehen. Ja er geht, und ich schreie ihm hinterher: >Hau ab! Du dreckiger Hund, ich hasse dich!<"

Ich sage ihr, sie soll nachfühlen, wo der Hass im Körper sitzt und sie weint.

„Es ist wie ein dunkler Fleck im Herzen. Hans ist der einziger Mensch, den ich hatte, mit dem ich gern zusammen war. Alle, mit denen ich zu tun habe, sind mir irgendwie fremd. Ich kann mich nicht mit ihnen verstehen. Und dann denke ich: Er wird schon zurückkommen! Für ihn ist es ja auch nicht viel anders. Auch denke ich, ich will es nicht zulassen, dass er die andere Frau heiratet. Das lasse ich nicht zu! Das wird er mir büßen!

Der Schmerz sitzt in mir und verschwindet nicht. Er ist wie Gift. Ich freue mich nicht mehr. Bisher war ich sehr lebensfroh und habe mich über die Natur gefreut, über die Sonne, die Vögel, und jetzt verdunkelt sich alles. Die Angst wächst, dass er doch glücklich wird. Ich will nicht, dass er ohne mich glücklich wird!

Mein Bauch wird dicker, ich bin in Erwartung. Es geht mir schlecht. Ich mache meine Arbeit, aber ich bin wie

abgestorben. Immer denke ich, ich muss das Kind bekommen, aber dann gebe ich es weg, weil ich es nicht lieben kann. Der Hass auf den Mann ist zu groß. Ich bin auch so umgewandelt, einfach krank. Alles fällt mir schwer. Ich denke, ich bringe ihn mit einem Messer um, aber ich muss zuerst das Kind haben ...
Irgendwann gebäre ich das Kind in meiner Kammer. Es ist noch eine Frau bei mir. Immer noch bin ich ganz schwach, aber es ist da! Es ist ein Mädchen und heißt Anna. Es hat ganz blaue Augen." (Sie weint sehr.)
„Ich will das Kind nicht haben, aber es kommt doch ein Gefühl in mir auf. Völlig gleichgültig bin ich nicht, es ist auch sehr lieb. Der Wirt sagt, dass ich es fortgeben muss, sonst kann ich dort nicht bleiben. Es hat schon lange genug gedauert, und er ist jetzt am Ende mit seiner Gutmütigkeit. Ich weiß nicht, wohin ich gehen könnte. Und dann denke ich wieder, dass ich mit dem Kind weggehen könnte, aber ich fühle mich ganz krank, schwach und kraftlos.
Die Amme kommt und sagt, dass sie es mitnimmt. Sie kennt ein Ehepaar am Wald, das keine Kinder bekommen kann. Es geht aber nur, wenn Anna ganz klein ist, und sie wird nicht sagen, von wem es ist. Sie wird sagen, dass die Mutter im Kindbett gestorben ist. Dann kommt es in ein anständiges Haus."
(Sie stöhnt, atmet schwer und weint sehr.) „Jetzt fängt es wieder an, dieser Hass! Dass ich alle hasse! Da ist überhaupt keiner mehr, der zu mir steht.
Die Amme nimmt das Kind mit, und ich fühle mich ganz allein. Ich denke nur, dass ich sie alle hasse. Ich hasse sie, ich hasse sie!" (Sie weint verzweifelt.)
„Ich werde sehr krank und habe Fieber. Ah, da kommt jemand, und der Wirt sagt: >Sie stirbt uns hier gleich weg!< Ich höre es und denke: >Der Schweinehund! Ich werde es ihnen schon zeigen!< Das ist es, was mich am Leben hält. >Ich werde nicht sterben, obwohl ich ganz schwach bin. Den Hans bringe ich auch um!<

Als ich wieder gesund bin, meint der Wirt: >Wer hätte das gedacht, dass du wieder so gesund und blühend wirst!< Ich werde immer kälter und denke scharf und berechnend.

Einmal gehe ich spazieren und treffe das kleine Mädchen. Es ist schon ein paar Jahre her. Wir gehen ein Stück zusammen durch eine Wiese. Ich zeige ihr Blumen, und sie nimmt meine Hand; das ist sehr schön! Da ist es wieder warm in mir. Sie heißt noch Anna, die Leute waren damit einverstanden. Es geht ihr gut bei Ihnen. Ich mag sie und möchte sie am liebsten wiederhaben. Aber was würde sie denken? Ich habe Angst, dass sie mich auch verachten würde.

Eines Tages höre ich, dass Anna krank ist. Sie hat Fieber und ist bewusstlos. Ich möchte zu ihr, rede mit den Eltern und sage, dass ich sie noch einmal sehen möchte. Ich bin irgendwie ganz sicher, dass ich ihr durch Handauflegen helfen kann. Die Eltern wollen nicht, dass ich zu ihr gehe. Es ist besser, wenn das Kind in Ruhe gelassen wird.

Ich sage, dass ich die Mutter bin, und sie erschrecken und meinen, die Mutter ist tot. Aber ich sage, sie sollen die Amme fragen. Sie glauben dann, es ist besser, das Kind stirbt, als dass es erfährt, welche Mutter es hatte. Igitt, bäh!" (Sie schüttelt sich.) „Die Leute ekeln mich! Ich möchte sie anspucken! Dann beruhige ich mich und gehe weg. Ich kann nicht verstehen, wie sie sind. Ich hasse sie, sie sind so dumm!" (Eine längere Pause.)

„Jetzt bin ich wieder ruhig. Ich weiß nicht, wie es weitergeht. Erst einmal bin ich nur traurig, und es ist sehr warm in mir. Ich denke an die kleine Anna und finde wieder Frieden. Es ist so ein weiches Gefühl! Trotzdem ist noch das andere Gefühl da, dieser Ekel. Ääh! Es ekelt mich so! Und jetzt fühle ich mich sehr friedlich. Ich weiß nicht wieso, es kommt einfach.

Es ist wirklich so, dass ich den Hans umbringen will. Ich habe ihn lange nicht gesehen, und als ich ihn sehe, werde ich wieder wütend und möchte ihn vernichten. Er sagt, er muss mich sprechen. Ich sehe ihn an und werde kalt. Er geht in mein Zimmer, und ich hole ein Messer von unten und verstecke es. Dann sitze ich ihm gegenüber und frage, was er will. Er sieht unglücklich aus. Wir sind beide nicht mehr so strahlend wie früher. Er sagt, er weiß nicht, was er will, er musste einfach zu mir kommen. Er möchte wieder einmal mit mir zusammen sein. Er hat etwas verloren, sagt er. Aber in mir sind so gemischte Gefühle. Ich bin wütend, weil ich denke, er hat alles kaputt gemacht. Äääh, häh!

Dann steht er auf und will mit mir schlafen. Er packt mich, aber ich rufe: >Ich gehe weg!< Er sagt, ich hätte doch auch noch Lust, das wüsste er genau. Ja, es kommt zum Handgemenge. Ääh, Igitt, igitt, ääh!" (Sie stöhnt eine Weile vor Ekel.)

„Ich weiß nicht, was das für ein Ekel ist. Ich ekele mich vor ihm. Iii!" (Sie spuckt irgend etwas aus.) „Wir schlafen doch zusammen, und es ist so ekelig! Wir sind – iiih –" (sie weint schmerzhaft) „ääh! ... Ich weiß gar nicht, was ich da nicht mag: wir schlafen zusammen, und die Liebe ist nicht mehr da." (Sie weint sehr.) „Deshalb ist es so ekelig, weil es ohne Liebe ist, igitt! Wir zwei Wracks! Ich mag das gar nicht ansehen, es geht alles so langsam, ääh. Bäh, igitt!

>Du Schuft!< denke ich. Ich will wieder Spaß haben, ääh! Und mein Herz tut weh. Ääh! An einer Stelle ... ich möchte, dass der Schmerz hinausgeht, ich möchte mir den Schmerz herausschneiden mit dem Messer, aber ich mache es bei ihm. O ja, ich mache es bei ihm! Er wehrt sich auch gar nicht. Er liegt da – igittigittigitt!" (Sie ekelt sich.)

„Hass! Ich hasse ihn noch. Es ist so ziehend und klebrig. Ich weiß gar nicht genau, was vor sich geht. Ich habe noch das Messer in der Hand, und wir sind sehr verbunden. Es ist fast so, als ob ich mich selbst umbringe, ich kann es gar nicht trennen. Oh, oh!" (Sie

stöhnt.) „Ich fühle das Messer auch. Es ist wie eins. Ich spüre den Schnitt in meinem Herzen." (Sie weint.) „Hans, ääh, ääh! Und ich fühle einen Ekel vor uns beiden. Wir sind ekelig." (Sie schüttelt sich im Weinen.) „Ich kann gar nicht davon loskommen und habe das Gefühl, als hätte ich mich selbst umgebracht. Mir tut es auch weh!
Ja, und dann laufe ich hinterher fort in den Wald. Ich weiß gar nicht, woher diese Kraft kommt, noch wegzulaufen. Ja, ich rufe dort nach dem Teufel. Aber was danach ist, kann ich jetzt gar nicht erkennen. Ich denke, am Ende werde ich verbrannt."

Die zehnte Sitzung ist für Gerika sehr quälend, besonders die Gefühle des Ekels und der Wut schütteln sie heftig. Als sie es durchgestanden hat, lächelt sie erleichtert. Wieder einmal erfahre ich, wie erlösend es für meine Schüler ist, sich den inneren Gefühlen zu stellen, auch wenn dieser Erfahrungsprozess sehr schmerzvoll ist.
Als Begleiter und Zuhörer bin ich mitbetroffen und ergriffen. Es tut mir weh, sie durch den Schmerz hindurch zu führen. Aber die Erfahrungen zeigen, dass diese Erschütterungen heilsam sind und sich Menschen dadurch gereinigt fühlen.
Die Konfrontation mit dem Schmerz und der eigenen Negativität ist der erste Schritt in der Entscheidung, sich zu verändern und positiver zu werden.

Elfte Sitzung

Nach der Entspannung frage ich zunächst, ob wir zum Thema Verbrennen noch etwas ansehen müssen.

„Ich stehe gebunden auf dem Scheiterhaufen. Da ist ein Kreis von Menschen um mich herum. Der Hass peitscht sich richtig hoch! Ich schaue sie voller Hass an, und so schauen sie zurück."

Ich sage: „Blende ein Stück zurück, an den Anfang der Situation. Wie fängt es an?"

„Ich will doch keine toten Menschen haben! Es war die Entscheidung: entweder gehe ich jetzt mit dem Teufel weiter, oder ich werde hingerichtet. Es gibt keinen anderen Weg. Ich will beides nicht, aber die toten Menschen aufschneiden, das kann ich nicht. Bäh! ... da wird mir selbst schlecht, trotz meiner Bosheit! Bei den Tieren war es anders.
Dann sagt er, ich solle es mir noch einmal überlegen. Ich kann ihn rufen, wenn ich mich anders entscheide. Ansonsten will er erst einmal verschwinden."

Ich sage: „Er ist ja ganz freundlich, droht dir nicht und lässt dir die Entscheidung offen."

„Er kann mich nicht zwingen! Ich muss auch zu jeder nächsten Phase >Ja< sagen. Er macht Versprechungen und meint, dass es nicht lange gut gehen wird mit den Menschen. Er sieht ein, dass es etwas lästig ist mit den Toten. Doch danach kommen andere Aufgaben, kündigt er an."

Ich sage: „Er kann dich also nicht zwingen? Warum nicht?"

„Es war so, dass ich ihn um Hilfe gebeten habe, und er hat mir auf seine Art geholfen. Er kann nichts von mir verlangen, wenn ich nicht in seiner Schuld bin. Es geht eigentlich alles freiwillig. Ich habe ziemlich wenig von ihm bekommen und habe ihm mehr gegeben durch meine Arbeit für ihn. Er kann mich nicht zwingen, und er lockt mich mit Versprechungen und Geheimnissen.
Es ist wie eine Lehre, in die ich eingeführt werden kann. Er ist auch nicht viel weiter als ich, nur ein paar Stufen. Und es gehört zu seiner Aufgabe, die Nachfolgenden zu unterweisen, damit er weiterkommen kann.

Er findet es sehr schade, weil es bisher so gut geklappt hat mit uns. Ich denke, er wird noch andere Mittel gebrauchen: das Versprechen, das Locken und das Erschrecken. Er kann mir Angst einjagen, aber er kann mich nicht zwingen, weiter zu gehen, als ich mich verschuldet habe.

Ich kann es nur wieder abtragen, wenn ich zurückgehe. Dann muss ich abtragen, was ich begangen habe. Den dunklen Weg, den ich gegangen habe, muss ich wieder durchqueren."

Ich frage: „Was würde das bedeuten?"

„Ich muss mich ergeben, muss Leid auf mich nehmen und Reue zeigen. Ich muss um Vergebung bitten und sühnen, das heißt, etwas Gutes tun. Ich habe immer Entscheidungsmöglichkeiten, ob ich weitergehe oder nicht. Er kann mich nie zwingen. Es ist nur seine Verlockung. Wenn er mir etwas gegeben hat, dann muss ich es durch mich zurückgeben. Aber das trifft jetzt nicht zu.

Er sagt: >Was willst du – zurück zu den Menschen gehen? Die sind dumm, das weißt du doch! Sie verstehen nur das Alltägliche und plagen sich.< Und ich will nicht vor und nicht zurück, will nichts mit ihm zu tun haben, und die Menschen finde ich auch blöde. Ääh!

Ja, ich bin nicht bereit zu bereuen, jedenfalls nicht vor den Menschen. Das hieße eingestehen, was ich getan habe und ihnen Gutes tun. Das will ich nicht, weil sie es nicht anerkennen, und sie wollen das ja auch nicht von mir haben." (Sie weint.)

„Sie haben mir nicht geglaubt und haben mich ausgelacht! Ich habe von ihnen Ablehnung erfahren, weil ich anders bin. Sie haben mich nicht ernst genommen. Nur weil sie es nicht kennen." (Sie weint heftig.) „Und meiner Tochter durfte ich auch nicht helfen.

Der Teufel ist auch ein Knecht. Es gibt noch Herren über ihm, und er hat Angst vor ihnen, das sehe ich jetzt auch. Zum ersten Male, dass er Angst hat, weil er versagt hat mit mir. Dann muss er sich neu abstrampeln mit anderen Seelen."

Ich frage: „Warum ist der Teufel so an den Seelen interessiert?"

„Sie wollen ihr Reich vergrößern und ganz die Macht übernehmen. Überall, nicht nur auf der Erde. Aber das werden sie nicht schaffen, weil sie das Licht nicht ertragen können. Und es ist umgekehrt: Sie müssen fliehen, weil ihnen das Licht zu hell ist. Das Licht braucht nicht zu fliehen. Dem Licht macht das Dunkel nichts aus. Es ist nur ein Hindernis, weil es nicht hindurch fließen kann. Aber es kann nahe heran, und das Dunkel ist dann so gequält, dass es weiter zurückweichen muss."

Ich frage: „Warum ist das so quälend?"

„Weil das Dunkel die Täuschung ist und ... es ist im Grunde nur eine Täuschung, eine Verfinsterung, die sich nicht mehr erkennen kann. Das Dunkel kann seinen Ursprung nicht mehr erkennen, und je heller es wird, wenn das Licht darauf fällt, ist es, als ob Licht in diese Täuschung gebracht wird. Und das tut weh. Es tut weh, dass die Täuschung erkannt wird. Das Dunkel ist nur ein großer Irrtum, der sich verselbständigt hat."

Ich frage: „Wenn du im Dunkeln bist, bist du also in einem Irrtum?"

„Ja, aber welcher Irrtum ist das? Es ist wohl so, dass es mir immer gut gehen soll. Das hätte ich gern. Auf der Erde soll es mir gut gehen. Es ist ein Irrtum, dass es auf der Erde wie in dem himmlischen Garten sein soll. Ich will nicht leiden, keine Schmerzen haben. Und ich will es nicht selbst tun ... Also, es war alles so selbstverständlich, und jetzt muss ich es selber tun, den Frieden schaffen und etwas lösen."

Sie ist längere Zeit still, und ich komme noch einmal auf den Teufel zurück: „Der Teufel hat dich also vor die Wahl gestellt. Und dann?"

„Nein, ich gehe nicht weiter mit ihm. Ich will nicht so sein wie er, das ist nicht richtig! Er ist so jämmerlich! Sein Körper ist so zäh und hart, und die Augen glühen. Nein, ich will nicht weiter mit ihm gehen! Ich will zurück in den Kreis. Aber mit den Menschen will ich auch nichts zu tun haben. Ich will mit mir selbst nichts zu tun haben, weil es mich auch verwirrt, dieses Menschsein.

Also, der Teufel geht, und in den nächsten Tagen kommen die Leute in den Wald. Ich bin verraten worden durch seine Ränke. Bäh ... ! Und da kommen diese Männer, und ich bin voller Verachtung. Ääh! Sie ekeln mich. Sie sind auch nicht viel besser als ich, da ist gar kein Unterschied." (Sie weint sehr.)

„Das ist es auch! Ich werde gar nicht von den Hellen hingerichtet. Ach, da ist nur Hass und Angst, als sie mich holen. Das ist genauso, wie der Teufel ist, da ist wirklich kaum ein Unterschied.

Ich denke jetzt, ich muss sie lieben, damit sie etwas von mir anhören können. Ich wollte immer, dass sie mich lieben und ja, mich selbst als Mensch. Ich habe gedacht ... sie sind so und müssten so sein wie die anderen Engel, die weiter sind als ich." (Sie lacht schallend.) „Ich habe vorher doch nur erfahren, dass die anderen, die etwas wissen, mehr wissen als ich." (Sie lacht und lacht.) „Alles Täuschung, ja!" (Und lacht.)

Es dauert längere Zeit, bis sie sich wieder beruhigt.

„Also, ich habe das, glaube ich, wirklich so gedacht, dass sie genauso sind wie die anderen Engel, wo jeder nur dem anderen hilft, wo alles klar ist. Ich bin ganz froh, dies jetzt zu erkennen. Es gelten hier andere Gesetze auf der Erde, das heißt, die Gesetze haben andere Formen.

Ha! Jetzt sehe ich die Menschen so: Von außen fließt das Licht an sie heran, da kann es nicht hindurchgehen und kann sich nicht treffen mit dem, was innen ist. Aber innen ist jeder auch so wie eine Laterne.

Die äußere Hülle steht im Wege. Ich sehe jetzt viele Menschen mit einem festen Rand, innen ist ein Licht, und von außen kommt das Licht. Wenn es sich beides trifft, dann ist es in Ordnung, dann ist die Schale durchstoßen. Und bei den dunkleren ... selbst in den Teufeln ist das Licht. Es ist nur winzig, winzig klein, und das Dunkle ist ganz groß, als ob sie das Licht ausgepustet haben."

Ich erinnere sie daran, dass sie oben gesehen hat, dass die Menschen die Laternen ausgepustet hätten.

„Die Menschen können es gar nicht ganz auspusten, weil es immer da ist. Nur, die äußere Schale ist der Wille, die Vernunft und der Verstand. Und die Gefühle, die nicht tief sind, die oberflächlichen Gefühle. Das alles ist die Schale, und innen drin ist das Licht."

Damit endet die elfte Sitzung. Gerika muss noch immer sehr lachen, als wir uns über die letzte Sitzung unterhalten. Es bricht unwillkürlich und befreiend aus ihr hervor, und ihre Augen leuchten.

Kopfschüttelnd wundert sie sich über ihren einfältigen Glauben, dass Menschen wie Engel sein müssten. Sie gibt zu, dass ihre Erwartungen zu hoch gewesen seien und sie selbst damit ihr Leid bewirkt habe. Aber sie erkennt auch erfreut in den dunklen Wesenheiten den Lichtfunken, der auf die Vereinigung mit dem allumfassenden göttlichen Licht wartet.

Zwölfte Sitzung

Gerika beginnt mit der Feststellung, sie habe etwas nicht verstanden von der Schuld, an der sie trägt. Nach der Entspannung frage ich: „Besinne dich auf die Schuld, welche Schuld gibt es noch?"

„Ich komme wieder in diese Situation mit dem Teufel und der Verbrennung. Ähh! Da kommen die Männer in den Wald, und ich finde sie ganz schrecklich! Genau solche Ungeheuer. Und bei mir war gerade so etwas wie Rührung eingetreten.

Jetzt kommen die Männer, und es ist so, als ob Ungeheuer kommen. Sie stürzen sich auf mich, und ich falle hin. Sie fesseln und treten mich. Ich gehe mit ihnen gefesselt ins Dorf und spüre den ganzen Hass, der auf mich gerichtet ist.

Die Leute erschrecken, wenn sie mich sehen. Ich sehe auch ganz komisch und abgemagert aus, aber ich bin zäh, habe Lumpen an und stechende Augen. Ääh! Trotzdem hat sich etwas verändert. Das Äußere ist wie eine große Maske, meine Seele ist aber wieder da, und ich spüre den Hass. Das ist das Schlimmste: zu spüren, dass sie mich hassen. Es sammelt sich im Herzen. Bäh! Ich hasse sie auch!

Eigentlich müsste ich das jetzt ertragen, weil ich so viele Gifte gemischt habe, aber ich kämpfe noch dagegen und hasse sie auch. Es kommt auf mich zu und von mir zurück und verstärkt sich.

Zuerst bringen sie mich in einen dunklen Raum im Keller, da bleibe ich eine Zeitlang. Es ist ziemlich schummrig, und das tut mir auch weh. Da ist nur ... , nein, da ist kein Fenster. Es ist immer dunkel. Da sind diese kalten, feuchten Wände und gar nichts anderes,

nur Gestank. Und etwas Stroh gibt es, aber es ist immer dunkel." (Sie schluchzt.)

„Ich habe jetzt Angst vor der Dunkelheit. Diese Gestalt des Teufels besucht mich da noch einmal. Sie hat keine richtige feste Substanz wie ein Mensch. Von etwas entfernt sieht es zwar so aus wie ein Mensch mit Kleidung, aber wenn er näher kommt, löst es sich auf und ist nicht fest. So wie ein Geist etwa, aber ich weiß nicht genau, wie ein Geist aussieht.

Er erschreckt mich. Uahh! ... Er ist höhnisch und sagt, er hat es mir ja gesagt, und jetzt werde ich hingerichtet. Ich könne es mir ja noch überlegen, uahh! Aber ich hasse ihn genauso und spucke auf die Erde. Er lacht und höhnt, und ich werde halb verrückt. Bäh!

Ich bin ganz durstig, und ich sitze und habe Angst vor allem, was da kommt. Bäh! Wenn es raschelt oder ähnliches, dann kommen entweder die Leute, oder der Teufel kommt wieder, und alles ist mir feindlich. Ich bin ganz ausgeliefert, und schließlich gebe ich das Denken auf. So, als ob ich nicht wissen will, was da vor sich geht. Das ist der Weg zurück durch die Hölle. Ich muss so weit zurück, wie ich hineingegangen bin. Aber ich will es nicht wissen. Bäh!

Eines Tages holen sie mich da heraus auf einem Karren, auf dem noch andere sind, die alle mit dem Teufel zu tun hatten. Das sagen die Leute jedenfalls. Eine Frau ist ganz jung und hübsch. Bei ihr heißt es, sie weckt die Begierde, und wer so viel Begierde weckt, ist sündig. Und dann steht da noch ein Mann, der Hühner gestohlen hat. Ja, aber sie sind nicht so wie ich. Ich schreie die Leute an, ha, ha, ha, bäh!" (Sie wimmert und atmet schwer, krümmt sich.)

„Ich schreie sie alle an und verfluche sie. Ich schreie, dass sie verflucht sind!" (Sie schreit.) „Das macht es dem Teufel leichter. Der Fluch ist etwas, um ihm den Weg vorzubereiten. Ich will nicht sterben! Das Leben ist nicht besser. Ich sage, dass mich der Teufel holen soll. Ich rufe den Teufel. Es ist ein Getöse, es peitscht sich immer mehr auf, die Leute und ich schreien. Ich rufe, dass die Pest sie holen soll." (Sie kreischt und lacht höhnisch.)

„Der Teufel wird sie holen. Er ist schon ganz nahe. Ich helfe dem Teufel also wieder, weil ich mich nicht den Menschen ergeben will. Ach, da kommt so etwas wie Stolz in mir auf. Dann schon lieber mit dem Teufel! Der ist wenigstens ehrlich, da weiß ich, woran ich bin. Die Menschen denken noch, sie handeln im Namen Gottes. Sie sind ganz dicht am Abgrund mit ihrem Hass und der Rache. Sie lästern Gott."

(Sie weint verzweifelt.)

„Sie schlagen das Kreuz und sagen: >Im Namen des Herren seiest du gerichtet!< Das ist eine Lästerung Gottes. Die Menschen dürfen nicht richten. Sie maßen sich an zu richten im Namen der Gerechtigkeit. Oh ..!" (Sie stöhnt.) „Selbst das Licht richtet nicht. Ich komme nur nicht ganz dorthin. Ich bin zu weit weg. Ich muss es ganz stark wollen und wünschen.

Päh, päh! Ich bin jetzt noch bei den Menschen und spucke sie an. Päh, der Teufel! Mein Hass ist so stark, der lässt mich nicht los, der brennt irgendwie ... Als ob das die Flamme ist, die mich verbrennt, das ist mein Scheiterhaufen, oh! Ich möchte die Menschen alle vernichten, die da stehen und mich vernichten wollen. Ich bin wieder eins mit ihnen. Da ist kein Unterschied. Der Teufel fühlt sich dabei sehr wohl in dem Hass. Es ist wie ein Bild des Inneren." ...

„Jetzt ist es so, als ob eine andere Situation kommt, ein anderes Leben. Ich stecke in einem Kampf voller Hass. Ich habe ein Schwert in der Hand und bin ein Mann in einer Rüstung, ganz kräftig. Eine richtige Rüstung am Oberkörper, die ist schwer, ja. Es ist auch ein tiefer Hass in mir und eine Zerstörungswut, so dass ich mit dem Schwert auf andere losgehe, um ein Gemetzel zu veranstalten.

Ein anderer hat auch eine Rüstung an. Iii! Ich treffe da hindurch zwischen den Brustteil und den Kopfschutz.

Und ich trenne es ab, ja, der Kopf ist abgetrennt. Dann drehe ich mich wieder um, und da kommt ein anderes Schwert auf mich zu. Das ist ein Gemetzel! Ich denke, der Feind muss besiegt werden.

Sie dringen in unser Land ein, nach Germanien. Die anderen sind die Römer. Ich sterbe bei der Schlacht, noch voller Hass, denn ich werde im Herzen getroffen. Die Rüstung habe ich abgelegt, weil ich verwundet worden bin.

Dann kommt ein Mann auf mich zu, ich nehme das Schwert, und wir kämpfen zusammen. Äh! Er trifft mich im Herzen. Ich bin ganz beschwert mit meinem eigenen Körper, er ist so dick, Muskelpakete! Ich hasse den Mann und möchte ihn am liebsten auch noch erstechen, aber dazu fehlt mir die Kraft ... Ich sterbe ..."

Ich frage sie: „Wohin gelangst du, wenn du gestorben bist?"

„Ich komme in ein Zwischenreich. Ich sterbe und wünsche mir noch eine siegreiche Schlacht, den Triumph unseres Heeres. Im Sterben träume ich noch davon, und dann geht der Traum weiter: Es ist alles strahlend. Ich bin gleich darin, der Traum geht weiter. Es glänzen die Rüstungen, die Ritter sitzen auf den Pferden, einer trompetet, und die Leute sind laut. Es ist triumphal! Wir machen ein Turnier. Alles ist stolz und glänzend. Ritter, die ihre Manneskraft zeigen, und ich bin dabei. Ich reite auf einem Schimmel, der eine leuchtend rote Satteldecke trägt. Ich halte einen Speer in der Hand." (Sie lacht.) „Ich reite immer hin und her und fühle mich wohl. Es sind Kampfspiele, und jeder Ritter wird bejubelt und geehrt. Ich auch. Die kühnsten Träume sind jetzt wahr."

Ich frage: „Was hast du nun davon?"

„Zuerst freut es mich schon, und nach einer Zeit wird etwas anderes wieder stärker. Ich möchte zurück. Es ist wie Spiel, diese Traumreise, nur Illusion. Es ist nicht wahr, das erkenne ich jetzt. Ich möchte zurück in den Kreis.

Mich holt wieder jemand ab. Es dauert eine Zeit. Zuerst bin ich ganz in diesem Traum, und allmählich kommt die Erinnerung wieder auf. Wenn mich das andere nicht mehr bindet, das heißt, wenn meine Aufmerksamkeit nicht mehr dort hinstrebt, bewege ich mich auf etwas anderes zu, was ich mir wirklich wünsche. Da kommt eine lichte Frau, sie holt mich ab. Es ist so lange her, dass ich dort war.

Sie straft mich nicht. Da ist wieder dies Ruhe, dieser Frieden! Sie stört es nicht, was ich getan habe, sie holt mich nur ab. Mehr weiß sie nicht. Sie ist nur gesandt worden, um mich zu holen. Auf meinen Ruf hin haben die anderen sie zu mir geschickt.

Sie bringt mich in den Kreis, und auf dem Weg dorthin erinnere ich mich, dass ich so weit weg war und kaum etwas wusste. Wie getrennt die Welten sind! Und ich möchte das Wissen das nächste Mal mit hinunter nehmen. Ich möchte nicht mehr alles vergessen, wenn ich unten bin ...“

Längere Pause. Ich frage dann: „Was bedeutet das Erlebte für dich jetzt?“

„Die Gefahr ist groß, das Licht nicht mehr zu sehen. Das hat nichts mit Schuld oder Versagen zu tun. Nur die Menschen kennen die Schuld, aber es gibt keine Strafe in dem Sinne. Es ist nur das Gesetz. Das Gesetz ist so: Ich kann wählen, das Dunkle oder das Helle. Das Licht nimmt mich immer wieder auf. Ich muss nur den Weg durch das Dunkel wieder zurückgehen, das ist der Schmerz, und das ist dann auch die Strafe. Wenn man umkehrt, geht man den Weg bewusst zurück. Auch durch die Dunkelheit, und das tut weh.“

Ich frage sie: „Wann endet der Schmerz?"

„Wenn der Weg zurückgelegt ist und wenn man ganz im Licht ist, dann hat man keinen Schmerz. Sonst kann man dem Schmerz nicht entfliehen, nein. Er ist der Wegweiser.
Es ist immer noch der Wunsch in mir, dass ich das nächste Mal noch mehr weiß auf der Erde, so dass ich nicht wieder von vorn anfangen muss. Aber ich bleibe erst einmal ein bisschen dort oben, weil andere noch unten sind. Ich bin noch nicht an der Reihe."

Die zwölfte Sitzung schließt wieder mit viel mehr innerer Klarheit ab. Es ist mir auch in den anderen Fällen aufgefallen, wie groß die Erkenntnisfähigkeit in den lichten Ebenen ist. Ein Mensch kann sein Bewusstsein offensichtlich begrenzt halten oder erweitern, je nach dem Grad seiner seelischen Verhärtung.

Gerika macht deutlich, dass sie erst dann in die lichten Sphären geführt wird, wenn sie darum bittet. Es bedarf also wieder der Entscheidung und Hinwendung des Menschen zum Positiven, ehe er aufsteigen kann. Dann aber wird er liebevoll empfangen, ohne gerichtet zu werden. Das Gericht besteht in der eigenen Verdüsterung und Verbitterung, und wir erfahren, dass es auch zur Verdunkelung führt, wenn Menschen sich anmaßen, über Mitmenschen zu richten.

An dieses Thema schließt erst die fünfzehnte Sitzung wieder an. Die dreizehnte und vierzehnte Sitzung sind ausgelassen, weil sie thematisch zusammengehören. Ich schließe sie später an. An dieser Stelle geht es mit der fünfzehnten Sitzung weiter.

Fünfzehnte Sitzung

Gerika überlegt noch, warum Hans in der betrachteten Inkarnation fort musste, was für einen Sinn es für sie hatte und welche Wirkung ihr Fluch den Menschen nach ihrem Verbrennungstod gebracht hat.

Nach der Entspannung beginne ich mit der Frage, ob sie von der Ebene aus, in die sie aufgestiegen ist, sehen kann, was das Verhältnis zu Hans bedeutet hat. Sie beginnt:

„Ich komme wieder an diese Lichtebene. Das Erlebnis mit dem Hans war auch eine Prüfung, ganz einfach. Deswegen musste er weggehen, ich musste in der Liebe geprüft werden. Es war schon so, er hat sich geirrt, als er wegging, und ich habe das gewusst. Aber ich habe ihn nicht gehen lassen. Ich konnte die Schmerzen nicht ertragen und wollte zuviel von ihm. Ich wollte haben, haben, haben!

Es war nicht Seele genug, die wahre Liebe fehlte. Es war alles äußerlich, im Körper. Wenn es Seelenliebe ist, ist das Außen nicht so wichtig, dann trägt man das Bild in sich. Das war der Grund. Ich bin zu sehr nach außen in die Lust gegangen und habe nur noch die Befriedigung gesehen. Das habe ich im Leben nicht erkannt.

Es war eine Möglichkeit, zurückzufinden zum inneren Leben und zur inneren Liebe. Keine Prüfung in dem Sinne, sondern eine Möglichkeit. Ich hätte meine Liebe bewahren sollen. Es war eine Hilfe, weil ich bisher im Außen gewesen war. Die äußere Verbindung ist deswegen verlorengegangen. So ist alles eine Hilfe, was uns passiert, man muss es nur richtig verstehen."

Ich frage sie: „Was steht deinem Verstehen im Wege?"

„Der Schmerz und die Genusssucht. Ich will es immer leicht haben, will, dass es leicht, warm und angenehm

ist. Und wenn es unbequem ist, sehe ich den Sinn und die Hilfe nicht darin und leide. Es ist schon schön, es alles jetzt so klar zu sehen. Ich fasse das Leid immer als unbequem und als Strafe auf, aber es ist wirklich nur eine Hilfe, um auf den Grund zu kommen."

Ich frage: „Kannst du sehen, was aus dem Fluch geworden ist, den du über die Menschen gebracht hast?"

„Ich war in diesem Energiekreis gefangen, der zwischen mir und den Leuten entstanden war, und konnte mich nicht ergeben. Durch mein Dasein wurde der Kreis verstärkt. Ich glaube, einige Leute sind wirklich krank geworden. Aber es war ihr eigener Hass, der ihnen so wieder zurück geschleudert wurde. Auch sie waren ja in dem Kreis. Wir haben uns in der Dunkelheit getroffen. Es ist ihr eigener Fluch, ihre eigene Pest.

Jeder schadet nur sich selbst. Man kann so viel Schaden beim anderen gar nicht anrichten, ja, das kann man gar nicht. Ich habe mir nur selbst geschadet. Es trifft nur, was zusammenpasst.

Ich werde nie jemanden unverdient verfluchen können. An einem Schaden an anderen trifft mich keine Schuld, nur insofern, als ich ihnen nicht geholfen habe. Die Schuld ist, nicht zu helfen, das Licht nicht auszuströmen.

Durch böses Tun kann man in dem Sinne nicht schaden, durch böses Tun verstärkt sich das Böse, aber es trifft niemanden ungerecht. Aber das Gute versäumt zu haben, das ist immer die Schuld. Darum ist das Nichttun auch eine Schuld. Das Licht dringt unaufhörlich weiter, ja, das verstehe ich jetzt besser. In dieser Ebene kann ich Klarheit gewinnen über das, was gewesen ist. Und über das, was ich noch tun muss."

Ich frage sie danach: „Was musst du dir noch ansehen, welche Inkarnation ist für dich jetzt noch wichtig?"

„Das mit der Trennung und der geistigen Liebe, das ist wichtig. Und eben kommt noch etwas von Hölle, das ist wichtig. Ich war noch tiefer in der Hölle, als ich bisher angesehen habe. Hölle ist die Verdichtung, die Täuschung, die Abwesenheit von Licht."

Ich frage: „Gibt es einen Ort, der die Hölle ist?"

„Ja, die Hölle ist innen und außen, weil man das Innen außen erleben muss, um es zu verstehen. Ich sehe noch nicht genau, wo die Erde ist und wo die Lichtregionen sind. Ja, es ist einfach das: es ist eine Bewusstseinsebene.
Wenn man auf einer bestimmten Ebene oder Schwingung ist, dann ist es so, als ob die Hölle da ist. Genau wie mit dem Licht. Aber so ganz verstehe ich das noch nicht. Ich kann das nicht richtig erkennen, ich weiß nur, dass der innere Zustand wichtig ist."

Ich sage: „Schau in deine wichtigste Hölle!" Nach einer Weile sagt sie:

„Ich versinke in verschiedene graue Schichten. Da gehen Gestalten in Einsamkeit und Blindheit umher und haben kaum Kontakt zueinander. Dann wird es noch tiefer und rötlicher, und dort quält man sich gegenseitig. Jeder versucht, den anderen zu quälen – körperlich, obwohl es doch nicht körperlich ist. Es sieht aber doch aus wie Körper.
Die Arme umdrehen, an den Haaren ziehen, und ich tue es auch.
Ich suche besonders nach Männern, die ich quälen kann. Frauen gar nicht. Wenn jemand kommt ... Also: Alle schleichen in dieser dunklen Ebene herum. Sie verstecken sich, und dann stürzen sie hervor, ich auch; würge ihn am Hals, trete ihn, beiße ihn. Irgendwann wehrt er sich auch, er schüttelt mich nur ab und geht weiter. Er quält mich nicht. Mein Hass bringt mich

dazu. Ich hasse die Männer alle! Da ist nur Hass, und ich will sie alle vernichten.

Ich frage: „Hat das mit dem Leben vorher zu tun, dass du die Männer jetzt hasst?"

„Ja. Da bin ich gefangen, und die Männer foltern und quälen mich. Sie sagen wieder, dass ich sündig bin. Wir sind in einem großen Gewölbe mit einigen Feuerstellen. Ich glaube, sie haben glühende Eisen. Ich trage zerrissene Kleider und bin eine Frau, so etwa dreißig Jahre alt. Ich fühle einfach die Angst und die Verzweiflung darüber, dass ich gefoltert werde. Meine Hände sind hinter dem Rücken gefesselt. Da kommen zwei bis drei Männer, sie wollen mich brandmarken mit einem glühenden Eisen." (Sie schreit und schluchzt.) „Mit dem Rücken liege ich jetzt auf einem Tisch, und jemand drückt meine Schulter herunter. Sie wollen irgend etwas ... Das sind die Teufel in Person, das ist schon dort wie in der Hölle. Sie wollen mich auf dem Körper brandmarken." (Sie schreit.)
„Ich werde wohl bewusstlos und dann in eine Ecke mit Stroh geschleppt. Ich sehe die Männer, sie sind feige, böse. Böse Männer! Ich denke mir, ich zahle ihnen das schon heim. Ich werde auch ganz kalt und will sie quälen. Es kommt schon eine Gelegenheit."

Ich frage: „Was haben sie gegen dich, warum machen sie das?"

„Sie haben gesagt, mein Körper ist sündig, weil ich die Männer verführt habe. Ich bin Magd und arbeite auf einem Hof und helfe beim Heu Machen und allem, was da zu tun ist. Ich habe lange Haare, dicke Haare. Ich bin sehr lustvoll und sehe alle Männer, die Knechte und den Gutsherrn, sehr leidenschaftlich an. Ich reize sie mit meinem Körper, ich weiß gar nicht, wie. Durch Bewegungen und Blicke wird ihre Lust angeschürt.

Auch durch meine Gedanken entsteht eine Spannung. Und dann kommt jemand zu mir ...

Ich schlafe bei den anderen Mägden; wenn ich noch abends spazieren gehe, kommt jemand hinter mir her. Das ist ein Triumph, dass er hinter mir hergeht und seine Lust entfacht ist. Das freut mich!

Ich schlafe nicht mit den Männern, sondern halte sie hin und reize sie noch mehr, bis sie mich bitten und anflehen, weil sie außer sich sind. Das ist richtig die Leidenschaft, das macht mir Spaß!

Ich kenne nur das, das ist meine Hauptneigung. Dann habe ich das Gefühl, dass ich sie an der Nase herumführen kann, weil ich sie entfache. Ich habe sie in der Hand, ich bin die Starke. Das quält die Männer, obwohl ich sie auch brauche für meine Leidenschaft. Aber ich habe das in der Hand, und das quält sie, und wenn sie mich dann quälen, ist es die Umkehrung.

Einer, den ich hingehalten habe, hat mich angeklagt. Dann kommt jemand und holt mich ab. Es gibt eine kleine Verhandlung. Auch den Richter versuche ich einzuwickeln. Da gibt es einen Teil an ihm, wo er schwach ist, aber er hat sich unter Kontrolle – er ist menschlich, und ich bin mehr wie ein Tier. Er sagt, ich führe die Männer in Versuchung und tue das in böser Absicht. Ich sage aber, ich zwinge keinen, denn sie kommen alle freiwillig hinter mir her.

Ja, ich werde gebrandmarkt, gefoltert und hinterher wieder freigelassen, aber so, dass mein Körper gebrochen ist und ich nicht mehr schön bin. Das verzeihe ich den Männern nie, dass sie es mit mir wie mit einem Hund gemacht haben und ich so erbärmlich herumlaufen muss! Aber ich habe ihre Ehre und Würde gebrochen, indem sie sich ganz vergessen und erniedrigt haben.

Aber wodurch haben sie sich eigentlich erniedrigt? Hm, ja, sie haben ihren Willen aufgegeben und sind nur noch der Begierde gefolgt, und ich habe es entfacht. Ja, und dann haben sie mich gebrochen. Und dafür hasse ich sie!

Ich träume davon, dass ich die Männer auch quäle. Es kommt so, dass ich in ein Zwischenreich gelange, wenn ich tot bin. Auf der Erde kann ich sie nicht mehr quälen und reizen, weil ich nicht mehr schön genug bin. Im Zwischenreich tobe ich mich aus. Da hat sich sehr viel Hass angesammelt. – Es beschäftigt mich eine Zeit lang, ja, es hilft mir, bis die Frage auftaucht: Was tue ich da eigentlich? Ich will nicht einsehen, dass ich Unrecht hatte, ich will mein Unrecht nicht sehen!

Ich stürze mich auf die Männer und versuche, sie zu kneifen. Sie schütteln mich ab, aber mich quält da weiter keiner. Schrecklich! Ich denke immer noch, dass sie mir Unrecht getan haben. Ein kleiner Rest ist noch da, ich habe es noch nicht ganz erledigt.

Ich habe Macht ausgeübt, und das darf man nicht. Ich darf nur für mich entscheiden und nicht für andere. Jeder muss seinen Weg finden und selbst gehen. Man darf nur helfen. Meine Schuld war die Macht und das Einsetzen von Macht. Aber warum? Ich weiß noch nicht, warum es reizt, Macht zu haben ...

Die Macht ist teuflisch und der Wunsch, über andere zu verfügen. Das ist schwarz, es ist gegen die Ordnung, ja, wenn es nicht mehr genügt, was man hat, und man will mehr haben, als man braucht. Viele Menschen wollen mehr haben, als sie brauchen, wollen es ansammeln. Das ist gegen das Gesetz.

Macht über sich selbst zu haben, das ist gut. Die Kräfte zu erkennen von Körper und Geist, ja, die eigenen Kräfte entdecken und dann zur Verfügung stellen, das ist richtig! Und dann geben, schenken, was einem selbst geschenkt ist.

Nach dieser Sitzung äußert Gerika ihren intensiven Wunsch, ihre Erfahrungen und Einsichten weiter zu geben. Sie freut sich über meinen Vorschlag, die Protokolle der

Sitzungen bereit zu stellen und entscheidet sich dafür, sie den Menschen zum Geschenk zu machen.

Dreizehnte Sitzung

Am letzten Wochenende war Gerika zu einer Massage Stunde bei einem Bhagwan-Jünger, einem Sannyasin, gewesen. (Bhagwan ändert seinen Namen später in Osho). Als sie zu ihm ging, hatte sie ein beklommenes Gefühl. Sie spürte plötzlich, dass sie nicht ganz sicher war, ob die Kräfte, die von Bhagwan ausgehen, gute und wohltuende Kräfte sind. Deshalb entschloss sich Gerika dann, diese Massage nicht zu nehmen und wollte am Montag gern darüber Klarheit gewinnen, wie die Bhagwan-Bewegung ist.

Viele ihrer ehemaligen Freunde sind Bhagwan-Anhänger, und sie weiß nicht, wie sie sich ihnen gegenüber verhalten soll. Ich selbst wollte ihr keine Erklärung darüber geben, sondern sie sollte selbst erkennen, wie diese Dinge zusammenhängen.

Nach der Entspannung sagte ich ihr, sie solle sich das Bild von Bhagwan vorstellen, ihn anschauen und erkennen, womit sie es dabei zu tun hat. Sie beginnt:

„Ich habe ein bisschen Angst. Mein Atem geht unruhig. Ich habe Angst, ihn genau anzusehen, weil er ziemlich mächtig ist. Er weiß viel.

Da sehe ich eine schwarze Strömung und eine weiße, als ob er das Dunkle und das Helle, also diese Gegenn**sätze, aufheben möchte. Er kommt von unten; rechts ist ein heller Strom und links der Dunkle. Der Helle beginnt eher als der Dunkle. In der Mitte ist es hell-orange. Und das Orange will aufwärts zum Ursprung gehen und den Unterschied der Gegensätze aufheben. Oh! ... Er benutzt andere Menschen dafür.**

Es besteht ein Kreislauf zwischen Bhagwan und seinen Anhängern. Diejenigen, die nicht in diesem Kreis

sind, werden ausgeschlossen. Nur durch die Sannyasin strömt seine Energie wie durch feine Teile. Die Sannyasin können die Energie zu Menschen lenken, die nicht in den Kreis gehören.
Er sagt, alles ist leicht, und das Leiden ist nicht nötig. Aber wieso bekommt er so viel Energie? Woher kommt seine Energie? ... Er nimmt sie aus dem weißen und aus dem schwarzen Bereich. Er schöpft aus beiden Seiten und vermengt es richtig. Ja, darum ist er auch krank. Das ist der Preis dafür, dass er aus dem Dunklen schöpft. Er hat einen starken Willen und eine starke Abgrenzung."

Ich frage: „Was geschieht mit den Menschen, die in seinem Kreis sind?"

„Sie geben einen Teil ihres Willens auf und können dann die Wahrheit nicht mehr erkennen. Den Teil, die Wahrheit in sich erkennen zu können, den geben sie auf, weil sie von Bhagwan gespeist werden.
Er will die Wahrheit nicht erkennen, sondern selbst schaffen. Er will die Wahrheit machen, herstellen. Und er nimmt ihnen das Leid ab. Er schützt sie auch. Ha! Er ist größenwahnsinnig! Und er kämpft.
Bhagwan ist nur die Verkörperung einer Kraft. Die Kraft ist immer noch eine dunkle Kraft. Es sieht jetzt wie ein farbiges Bild aus: Links ist es dunkel und rechts hell. Im Dunklen – oben – entsteht eine neue Richtung, die in das Weiße hineingeht. Es ist die dunkle Kraft, die gemerkt hat, dass sie so nicht an die Macht kommt, wie eine neue Spielart der dunklen Kraft. Sie kann sich nicht des Lichtes bedienen, sondern sie pickt eine Wahrheit heraus und vermischt sie.
Ich habe immer gedacht, es steht ja auch soviel Gutes in den Büchern von Bhagwan. Aber das Dunkle in seiner alten Art hat nicht mehr genug Anziehung, und es geht bei ihm hauptsächlich gegen das Leiden und

gegen den Ausgleich. Er will sich über das Gesetz des Gleichgewichts hinwegsetzen."

Ich frage: „Wieso ist es schlecht, Leiden wegmachen zu wollen?"

„Das Leid ist nötig zur Erkenntnis der Wahrheit, auch als Gegensatz zur Erkenntnis des Nichtleidens. Der Mensch braucht die Gegensätze. Bhagwan hält die Leute fest; sie können sich nicht weiterentwickeln."

Ich sage: „Sie sagen aber, dass es ihnen gut geht!"

„Ja, es geht ihnen zuerst auch gut. Jetzt ist es so, dass alles in den dunklen Bereich hinein reicht. Es sieht nur auf den ersten Blick nicht so dunkel aus. Sie entscheiden sich für Bhagwan und wissen nicht, wofür sie sich entscheiden. Er ist wie ein Rattenfänger. Es geht ihnen zuerst viel bessern, weil sie sich nicht mehr quälen müssen und ihre Verantwortung abgegeben haben. Ja, letztlich ist es so: sie verkaufen ihre Seele."

Ich frage: „Was bekommen sie dafür?"

„Sie spüren die Einsamkeit nicht mehr, und deshalb brauchen sie auch die Schale nicht mehr um sich herum. Es ist, als ob alle Schalen an den Rand des Energiefeldes gehen, das sie mit Bhagwan verbindet. Innerhalb der Gruppe haben sie keine Schale, aber nach außen. Es wird ein ganzer Körper, an dem außen die Schale ist, aber es ist nur ein Körper, der gegen die Außenwelt abgeschlossen ist. Und im Licht gibt es keine Abgeschlossenheit.
Ich möchte wissen, was die Ursache dafür im letzten Grund ist ... Bhagwan will sich nicht hingeben. Er redet so viel von Hingabe; die anderen sollen sich hingeben. Er meint letztlich so: >Ich will!< Und auch: >Ich

will die Schöpfung besiegen, ich werde es Gott schon zeigen!< Aber er ist halt sehr klug.

Es gibt auch noch Wesen, von denen er abhängt. Er ist nur eine Verkörperung von dem, der höher steigen will. Es ist ein uralter Strom, der sich vom Ursprung abgespalten hat.

Eben sah ich, dass das Licht das Dunkle ganz einhüllt. Das Dunkle sieht aus wie ein Kreis, der ganz von Licht eingehüllt ist. Das Bild hat sich verändert. Die dunkle Kugel muss sich woanders hinwenden. Aber sie bleibt ganz zusammengeballt, sie will sich dem Licht nicht öffnen. Ich weiß nicht, was das bedeutet: Zuerst waren es zwei Ströme, weiß und schwarz, und jetzt ist das Schwarze, zur Kugel geballt, im Licht enthalten. Aber die Kugel verschwindet auch nicht so schnell. Nach diesem Bild weiß ich nicht ...

Das Schwarze sucht etwas, wo es sich anheften kann. Es sieht aus wie ein ganzer Planet. Solange es noch etwas Entsprechendes gibt, kommt es zu einer immer größeren Sammlung und Ballung. Die Kugel sucht weiter nach etwas Entsprechendem, nach etwas Schwachem, und dann sammelt sich das Dunkle. Jetzt ist es noch verstreut, aber wenn es sich sammelt ... Es ist immer so, dass das Dunkle vor dem Licht fliehen muss. Es kann dem Licht nichts anhaben. Ja, wenn es gesammelt ist, könnte es noch zu einer großen Auseinandersetzung kommen. Das steht noch bevor.

Dann ist es so, als ob das Dunkle keine neue Energie mehr aus sich selbst heraus erhält. Es kann sich nur verbrauchen. Es gibt aber diese Zusammenballung. An den Rändern strahlt das Dunkle sich ab, und diese Abstrahlungen können vom Licht umgewandelt werden. Ja, aber es kommt zum Kampf, und so wird das Dunkle immer kleiner. Es verbraucht sich selbst, bis dann alles wieder hell wie am Ursprung ist, bis der Kreis geschlossen ist."

Danach ist Gerika eine längere Zeit still. Weil ich weiß, dass sie früher der TM -Bewegung angehört hat, frage ist sie jetzt: „Gut, du hast Bhagwan angeschaut. Wie ist das nun mit der Tranzendentalen Meditation?"

„Ich sehe den Maharishi, weiß gekleidet. Bei ihm ist es so, dass der Ursprung vom Licht kommt. Aber dann kommt etwas wie: >Ich will das Licht verkünden!< Da ist auch wieder das >Ich will<, aber >Ich will das Licht verkünden, nicht das Dunkle<. Und die Freude ...
Es ist auch wieder gegen das Leid gerichtet, und das ist irgendwie komisch. Es ist, als ob das Motiv ist, den Leuten das Licht zu bringen und sie ganz schnell zur Erleuchtung zu führen. Aber sie brauchen nicht mehr selbst hinzufinden. Damit sind sie auch aus dem großen Kreislauf ausgeschlossen. Ganz verstehe ich das noch nicht ...
Am Anfang war jedenfalls die Wahrheit, und die Wahrheit war noch rein. Nur die Art und Weise, wie sie verkündet wird, ist nicht von Gott gewollt. Es ist die Leichtigkeit, es ist auch wieder die Leichtigkeit, ja, es wird auch da wieder etwas ausgeschaltet. Die bewussten Schritte werden ausgeschaltet. Der Mensch soll sich hingeben an die TM-Bewegung.
Es ist in Wirklichkeit so, dass jeder allein gehen muss. Am Anfang war der Weg dahin von Maharishi und von denen vor ihm schon gefunden. Aber jetzt sieht es aus wie eine Abkürzung. Aber wohin führt die Abkürzung? Das kann ich jetzt nicht sehen ...
Ja, der eigene Wille ist wieder zu stark: >Ich will den Menschen den Weg zeigen.< Er zieht die Leute heran, die eigentlich noch nicht dazu reif sind. Der Schüler muss den Lehrer suchen, und bei der TM ist es umg e-kehrt: der Lehrer sucht den Schüler.
Eigentlich beginnt die Suche von allein, man braucht niemanden aufzurütteln. Das kann ich gut verstehen, denn es kann mir auch mit Freunden und in Gesprä-

chen so gehen. Es ist ganz wichtig, still zu sein und Fragen zu beantworten.

Aha! Und dann müssen sie nachher alles wieder neu beginnen, müssen doch wieder zurück, diese TM-Leute! Sie werden egoistisch und kümmern sich nur noch um ihre eigene Weiterentwicklung, um möglichst schnell zum Licht zu kommen."

Ich sage jetzt: „Und nun bist du hier, was ist mit dieser Erfahrung und unserer gemeinsamen Arbeit?" Sie ist eine Weile still und weint dann.

„Ja, ich habe darum gebeten ... Ich bin die anderen Wege gegangen und habe darum gebeten, das Richtige zu tun." (Sie weint.) „Weil ich nicht wusste, was das ist, das Richtige. Und so ist Hilfe gekommen. Aber ich weiß nicht, woher und wie die Hilfe gekommen ist. Unsere Arbeit bedeutet das Bewusstwerden und Erkennen, das ist gut! Und ich bin mit den anderen Versuchen vor die Wahl gestellt worden. Es war, als ob ich noch etwas abtragen musste, ehe ich offen war, darauf anzusprechen. Ich war immer an dieser Grenze: TM, das Leichte, und dann Bhagwan. Aber ich habe zum Beispiel auch durch die TM viel erhalten, und ich frage mich: Was ist damit? – Durchgangsstation! Ich habe zum ersten Mal in Findhorn von dir gehört, aber ich musste erst die Bereitschaft zeigen, ehe ich kommen durfte."

Ich fordere sie auf: „Schau die Gruppe an, in die ich gehöre, damit du Bescheid weißt!"

„Ja, zur Reinheit. Ich hatte vorher eine Meditation über dich gemacht, und da kam auch die Reinheit, eine weiße Rose. Du hast auch noch Helfer. Es ist so gut, dass es eine bewusste Entscheidung ist, was du tust! Ich sehe Verbindungen nach oben, da sind deine Helfer. Es ist gut, hier zu sein."

Und ich antworte: „Es ist schön, dich hier zu haben, Gerika!" Sie sagt:

„Jetzt kommt noch ... Man muss den Wunsch haben und zeigen, dass es ernst ist. Aber bei mir es auch noch so, dass ich das Leid nicht haben will."

Ich frage noch einmal: „Wozu ist das Leiden also nützlich?"

„Um die Trennung zu spüren und wieder zur Einheit zu streben. Nur wer aus der Liebe heraustritt, der leidet. Und aus dem Leid ergibt sich die Frage und die Aktivität. Dann kommen die Entscheidungen. Die Aktivität kommt doch auch manchmal aus der Freude. Wie ist denn das?...

Ich erinnere sie: „Wie war es denn im Paradiesgarten? Mit der Aktivität, dem Herumgehen?"

„Ich war wie eine Blume, das war gesteuert. Da war nur Wunschlosigkeit, eine gesteuerte Bewegung durch den Atem, der mich in Aktion bringt. Ja, es gab keine gewählte Aktivität."

Hier macht sie eine längere Pause, und da die Zeit zu Ende geht, unterbreche ich hier. Ich sage ihr zum Abschluss, dass diese Frage langsam für sie klarer wird und dass ihr die Antwort einfallen wird, wenn es Zeit ist.

Diese Stunde berührt uns beide sehr tief. Es ist wichtig für Gerika, aus sich selbst heraus zu erkennen, dass der Weg, den wir zusammen gehen, nicht in die dunklen Ebenen führt. Sie wird durch mich nicht mit Versprechungen auf ein leichteres, leidloses Leben gelockt. Im Gegenteil: ich versichere meinen Schülern immer wieder, dass der Weg zu größerer Bewusstheit auch eine größere Verantwortung bedeutet.

Der spirituelle Weg kann einsam und schmerzvoll sein. Er wird irgendwann in dem Ursprung enden, aus dem wir hervorgegangen sind. Bis es aber soweit ist, sind wir aufgefordert zu lernen, zu lieben und dem universellen göttlichen Prinzip zu dienen.

Vierzehnte Sitzung

Ich frage Gerika in der Entspannung nach ihrem Freunde: „Schau Achim an, wie ist sein Wesen?"

„Er ist sehr liebevoll, und es besteht noch eine Trennung zwischen dem, was er liebt und seinem Wesen. Sein Wesen ist noch jung, ja, er sucht und ist noch belastet und beladen mit Ängsten. Hm, ... es ist viel Liebe und Sinnsuche in ihm, aber noch nicht viel Weisheit.
Häh! Die Liebe ist am stärksten, wenn er sie durchlässt. Er fühlt sich gefangen und hat Angst, sich ni cht frei bewegen zu können. Deshalb eilt er auch umher und wird von Äußerlichem festgehalten. Er versteht die Begrenzung nicht."

Ich frage: „Wie ist die Verbindung zwischen euch?"

„Ich möchte ihn beschützen, ich möchte, dass er mich liebt und dass ich mich bei ihm sicher fühlen kann." (Sie weint leise.) **„Es ist so, als ob mein Herz nicht ganz offen ist, weil ich einen anderen suche. Aber trotzdem geben wir uns gegenseitig etwas.**
Ja, mein Herz ist nicht ganz offen. Eigentlich fühle ich es so: Ich will mit ihm zusammen sein! Aber eine bestimmte Art von Liebe ist mit ihm nicht möglich, denke ich. Ich warte noch auf jemanden, den ich schon einmal getroffen habe." (Sie weint.)
„Ich denke an die Lichtgestalt, die ich getroffen habe, als ich aus dem Garten kam. Ich hatte den Wunsch, zu

verstehen, was er macht. Aber jetzt denke ich, ich muss immer hinter ihm her, weil er einfach weiter voran ist als ich. Er ist so etwas wie ein Urbild, das ich liebe, ja". (Sie weint sehr.)

„Oh ja, ich wünsche, ihn irgendwann zu erreichen und neben ihm zu sein." (Sie schluchzt.) „Und ich habe immer das Gefühl, dass ich noch nicht soweit bin. Das ist der Hans, ja! Er bewirkt, dass ich mein Herz noch nicht ganz offen habe für Achim."

Ich frage: „Was bedeutet deine Liebe zu Hans?"

„Ich sehe einen Gang mit Spitzbögen, einen Innenhof und daneben einen Säulengang. Ich gehe durch den Gang und trage ein langes, nonnenartiges Gewand mit einer Kopfhaube. In diesem Innengarten fühle ich mich leicht und wohl. Die Sonne scheint herein, es ist Frühling.

Jetzt sehe ich eine Situation: In einem Raum steht ein Holztisch; eine Äbtissin sitzt daran. Sie hat Besuch von einem Klostervorsteher, einem Mann. Ich trage ihnen Wein und Brot hinein.

Der Klostervorsteher hat eine ganz starke Ausstrahlung. Es ist so: Ich komme in den Raum, und da ist einfach eine andere Ausstrahlung. Die Äbtissin ist auch klar und freundlich, aber von ihm geht mehr Stärke aus. Das ist für mich ganz fremd, weil ich selten Männer sehe.

Ich bin erst neunzehn Jahre alt und bin lange in dem Kloster gewesen. Es kommen nicht oft Männer zu uns, nur Handwerker aus dem Dorf für den Garten. Einer hilft den Nonnen beim Beschneiden der Bäume und bei bestimmten Arbeiten. Diese Männer sind aber anders. Sie sind nicht so klar.

Die Äbtissin und der Klostervorsteher wirken wie die männliche und die weibliche Kraft in dem Raum. Das zieht mich an.

Irgendwann geht der Klostervorsteher fort. Wir haben uns angesehen und gegrüßt, aber nur mit den Augen. Er ist einfach Stärke und Klarheit, die zielgerichtete Kraft. Ja, ich habe gesehen, dass es zusammen ein Ganzes gibt. In dem Kloster lebt nur die eine Hälfte, die Frauen.

Es ist friedlich hier, und mir fehlt nichts. Ich habe eine kleine Zelle mit einem Kreuz. Das Kloster liegt erhöht, unten das Dorf. Wir singen viel.

Ich bin wohl im Kloster abgegeben worden. Als ich zwölf Jahre alt war, hat mich die Äbtissin gefragt, ob ich hinunter will, ins Dorf. Dann bin ich mit einer Frau hinuntergegangen und habe mir alles angesehen.

Die Menschen sind anders, sie sind rotwangig und vergnügt. Jedenfalls die meisten. Sie machen ihre Geschäfte, und sie halten Kühe, es ist eine andere Welt. Zu uns sind sie sehr freundlich und wir zu ihnen. Es ist gut, dass beide da sind. Die kleinen Häuser haben niedrige Türen, im Kloster sind die Räume höher.

Ich sehe mir die Tiere an; ich kenne es nicht, wie die Kühe schreien, das ist mir fremd.

Wir gehen wieder zurück, und ich sage der Äbtissin, dass ich in dem Kloster bleiben möchte. Dort ist es klarer, es ist meine Heimat, und unten gab es nichts, was eine Anziehung auf mich hätte. Es war nett, es anzusehen, aber ich möchte in dem Kloster bleiben.

Mit dreizehn werde ich Novizin. Ich bin die Jüngste. Wir sind sehr einträchtig miteinander und arbeiten viel. Ich schrubbe den Gang. Die Jahreszeiten kommen und gehen. Ich bin zufrieden damit. Ab und zu kommen ein paar Menschen aus dem Dorf an die Klosterpforte.

Das Verhältnis zwischen den Leuten und dem Kloster ist sehr gut. Sie bitten um Gebete für die Kranken, bringen Gaben für kranke Menschen und Tiere. In dem Kloster geht alles so harmonisch zu, eigentlich fast wie in dem Kreis oben mit den Schwestern." (Sie meint die lichte Ebene.) „Es ist gut, dass es so etwas Ähnliches auf der Erde gibt. Es steht zum Schutz des Dorfes."

Ich frage sie: „Wie ist dein Glaube?"

„Ich habe einen katholischen Glauben. Morgens stehe ich auf und bete das Mariengebet und den Rosenkranz. Mit dem Beten tun wir Busse für die Sünden auf der Welt. Das Kloster ist wie eine Heiligungsstätte, wir tun Busse für die Sünden der weltlichen Menschen. So helfen wir ihnen. Wir helfen – jetzt kommen Brocken wie Fegefeuer ... – ich bekreuzige mich und murmele etwas wie: >Im Namen des Herren< und >Vergib uns unsere Sünden, reinige uns von den Übeln.<"

Ich frage: „Fühlst du dich sündig?"

„Ja, jeder Mensch ist sündig. Jesus Christus hat alle Leiden auf sich genommen. Wir sind alle sündig, aber der Herr vergibt uns, wenn wir ihn nur darum bitten. Der Herr ist der Vater im Himmel. Ich bete auch zu den Heiligen, zu Johannes und den Evangelisten Lukas und Matthäus.
Nur der Geist ist rein, das Fleisch ist sündig. Das Fleisch kennt die Begierde. Der Mensch tötet, um zu leben, allein das ist eine Sünde gegen Gott. Also, dass wir essen müssen, ist auch eine Sünde. Wir müssen jeden Tag um Vergebung bitten für das, was wir getan haben, um uns von dieser Schuld zu reinigen, damit wir nach dem Tod in den Himmel zu Gott kommen, dem Vater. Dorthin will ich auch.
Wir müssen die Begierden loslassen, den Appetit. Wenn das Essen uns zu gut schmeckt, dann sind wir noch den Sinnen verfallen. Wir trinken Wasser und essen ungesalzenes Brot, um von der Lust der Sinne frei zu werden. Denn nichts ist so süß wie die Nahrung für den Geist, das sagt die Äbtissin.

Ich frage sie: „Was meinst du denn selbst?"

„Ich weiß noch wenig und möchte erfahren, was die Äbtissin sagt, weil ich glaube, sie sagt es mit Liebe. Und das laute Gelache und Geschrei ist auch nicht gut, weil man dann die innere Stimme nicht mehr hören kann. Sie lächelt höchstens. Sie lächelt und spricht sehr leise, und Gottes Stimme kann man sonst auch nicht hören.
Wir essen zusammen, und wir reinigen die Klosterräume. Einige arbeiten im Garten. Dann ist wieder Ruhe und Mittagsgebet. Wenn die Sonne so heiß ist, gehen wir in die Zellen, wo es kühl und schattig ist, weil die Sonne nur müde macht. Dann beten wir wieder drei Stunden zu dem Heiligen Antonius. Ich weiß noch sehr wenig, aber ich fühle, dass es richtig ist. Ich bin einig damit."

An dieser Stelle komme ich wieder auf den Klostervorsteher zurück und frage sie: „Wie geht es mit dem Klostervorsteher weiter?"

„Er ist fortgegangen, aber seine Ausstrahlung ist bei mir geblieben. Ich kann ihn nicht vergessen; täglich sehe ich sein Bild. Es ist, als ob er immer bei mir ist, er wandert mit mir. Ich möchte ihn besuchen und frage die Äbtissin, ob ich es darf. Es ist ein Männerkloster, drei Tagesreisen von dem Ort.
Ich sage der Äbtissin, das ich diese Kraft spüre und dass ich von seinem Bild begleitet werde. Sie wendet sich ab und denkt nach. Sie zieht sich zurück, und drei Tage später geht eine andere Nonne das Männerkloster besuchen und ich darf mit. Wir bringen zwei Körbe mit Hühnern dorthin. Ein Bauer aus dem Ort fährt uns mit einem Karren und einem Maulesel.
Wir kommen an. Das Kloster liegt auf einem Hügel. Ein Mönch öffnet uns das Tor. Er trägt ein braunes Gewand und hat eine Glatze mit einem kleinen Kranz von

Haaren. In dem ganzen Kloster ist diese andere Kraft. Ich gehe einfach mit. Die Mönche sind in ihren Zellen, wir sehen kaum jemanden, nur einige huschen vorbei. Aber trotzdem fühle ich in den Gängen diese andere Kraft. Ich denke immer, dass beides zusammenkommen muss. Es ist die Ergänzung.

Wir werden von dem Klostervorsteher empfangen, und wieder bringt uns ein Klosterbruder Brot und Wein. Wir beten zusammen. Und dieser Mann ist groß und stark, er ist die Verkörperung dieser Kraft. Ich möchte dort bleiben.

Wir sind da drei Tage zu Gast, werden in einem kleinen Nebenraum untergebracht. Mit den anderen Mönchen haben wir keinen Kontakt, nur einer bringt uns Brot und Wasser in unsere Zelle. In der Kapelle dürfen wir an der Andacht teilnehmen, aber wir kommen erst dann, wenn alle versammelt sind, und niemand schaut sich um. Ich bin sehr froh, das alles zu erleben. Das ist das Ganze, die Vollständigkeit.

Dann sind wir wieder in unserem Kloster, und ich lese über Adam und Eva, dass sie aus einem Klumpen gemacht sind, den der Herr geteilt hat. Ich trage immer das innere Bild von dem Vorsteher bei mir. Es ist wie ein Schutz, er begleitet mich. Wenn ich die Augen schließe, ist das Bild da, darüber bin ich sehr froh.

Ich danke der Äbtissin, dass ich mitgehen durfte. Sie lächelt und nickt nur. Ich frage sie, wann die männliche und die weibliche Kraft zusammenkommen. Sie antwortet: >Die reine Vereinigung ist die der Seelen. Auf der Erde ist es nicht so rein.<"

Sie macht eine Pause, und ich frage: „Genügt dir das denn?"

„Ja, ich spüre meinen Körper kaum. Er ist daran gewöhnt, die Dinge zu tun, die nötig sind. Es ist, als ob ich ihn immer mit mir herumtrage, nur nachts kann ich mich ausruhen, ihn ablegen und verlassen.

99

Das Bild des Vorstehers ist immer noch in mir, und es bleibt so. Ich bin ganz zufrieden damit. Wir müssen eines Tages das Kloster verlassen, und auch die Klosterbrüder müssen ihres verlassen. Wir ziehen in getrennte Richtungen.

Ich bin älter und etwas müde, und bald darf ich meinen Körper ganz verlassen. Aber das Bild ist immer noch da, und ein großer Friede, eine Gottergebenheit erfüllt mich.

Alle Schwestern aus dem Kloster teilen die Freude, die der Tod bedeutet, weil er uns von irdischen Dingen und von der Schwere, von der Plage und der Sünde befreit ..."

Ich frage sie: „Du stirbst, und wie geschieht das?"

„Eines Tages bin ich sehr müde. Wir sind in einem anderen Kloster zu Gast. Es ist eng. Ich bin müde und lege mich hin, und zwei Schwestern sind bei mir und beten; ich bete auch.

Es ist wunderschön! Ich weiß, dass ich heimkomme. Ich fühle einen Wirbel, einen Sog nach oben. Noch bin ich wie benommen, und eine Lichtgestalt empfängt mich. Ich werde hoch gesogen durch eine graue Schicht hindurch, und dann folge ich wieder dieser Gestalt. Ich komme in den Kreis von Schwestern zurück."

Ich frage sie: „Wie beurteilst du nachträglich die Lehre des Klosters?"

„Da war noch viel Angst, zuviel Angst. Das Beten ist gut, aber die Angst vor der Sünde war zu groß. Die Erde ist das andere Dasein, dazu gehört der Körper, und dazu gehören Essen und Trinken. Das lässt sich nicht verändern, jedenfalls noch nicht. Es gehört dazu und ist keine Sünde. Der Körper kann sich auch vereinigen. **Das Wichtigste ist die innere, die seelische Verbindung."**

Ich frage sie: „Wie ist deine Verbindung zu Jesus Christus jetzt?"

„Ja, Er ist zur Erde gekommen, um das Licht dorthin zu tragen. Es ist eine große Gnade, dass Gott Ihn geschickt hat. Die Menschen können nur staunen, die wenigsten können es verstehen.
Wir Lichtwesen wissen von Ihm. Er steht noch viel höher, in lichteren Regionen als wir. Da, wo wir sind ... es geht einfach noch höher hinauf und wird heller und heller, weiß. Wir sind noch zu grob. Bei uns scheint ein gelbliches Licht. Wir müssen zuerst noch den Erdenkreis abschließen, eher wir höher gelangen. Jesus wurde von Gott gesandt, ganz direkt. Buddha hat den Weg gesucht, Jesus ist aber die direkte Verkörperung des weißen Lichtes. Buddha hat das Licht gesucht und den Weg gefunden, durch viele, viele Leben. Er hat das Tor gefunden.
Und bei Mohammed ist es so: Gott hat mit Mohammed Kontakt aufgenommen, ihm seine Kraft gegeben und ihn zu seinem Werkzeug gemacht. Mohammed hat wahr gesprochen, und Buddha hat wahr gesprochen, aber sie sind nicht direkt von Gott. Jesus ist Gottes Sohn. Er hat Ihn gesandt, von Anfang an. Er hatte den göttlichen Plan, einen Sohn zu schicken."

Ich frage: „Was bedeutet es, Gottes Kind zu sein?"

„Alle sind Gottes Kinder, die es wollen und den Weg suchen. Gott nimmt alle an, alle! Und auch die es nicht wollen, sind Gottes Kinder. Auch die sind es, aber Er lässt sie gehen."

Ich frage sie: „Weißt du jetzt, wohin du gehörst?"

„Ich gehöre zu den Engeln, die auf die Erde wollen. Wir sind ganz viele, ganz viele!"

Sie macht eine lange Pause, und damit beenden wir diese Sitzung.

Als Gerika mir gegenüber sitzt, strahlen ihre Augen in einem besonderen Licht. Ihr Gesicht wirkt klarer als in den ersten Tagen. Ich bin immer wieder stark berührt von der Wirkung einer inneren Verwandlung, die sich mir im Verlauf einer solchen Erfahrung zeigt.

Meine Schüler fühlen sich freier und gelöster, und ihre innere Veränderung zeigt sich in fließenderen Bewegungen, aufrechter Haltung und einem friedvollen, weicheren Gesichtsausdruck.

Natürlich gelingt es nicht jedem, sich soweit zu klären, wie es bei Gerika geschah. Wenn es aber geschieht, erfahre ich es dankbar als ein großes Geschenk.

Sechzehnte Sitzung

Nach einem Vorgespräch leite ich die Entspannung ein und fordere Gerika dann auf: „Schau, was von selbst in dir auftaucht!"

„Eben kam ein Gesicht, das ich nicht genau erkennen konnte, ein Gesicht einer älteren Person. Jetzt ist es so, als ob es ein Mann ist. Er kniet in einer größeren Gruppe Menschen.

Ich bin auch ein größerer Mann, und wir knien alle draußen im Wald. Der ältere Mann steht auf, schlägt das Kreuz und segnet uns. Wir gehen auseinander. Es ist irgendwie schmerzlich für mich. Der Mann hat uns etwas erzählt ...

Ich trage ein Gewand mit einer Schnur um die Hüften. Der Mann hat von Jesus Christus erzählt. Unsere Gruppe soll herumziehen und predigen.

Ich gehe in eine Stadt mit weißen Häusern, aber ich werde dort hinaus getrieben. Die Leute werfen Steine nach mir. Es ist sehr heiß außerhalb der Stadt, trocken und heiß, unfruchtbare Wüste.

Ich wollte den Leuten etwas von Jesus erzählen, aber sie wollen nichts davon hören, sondern haben Angst und Zweifel. Sie sagen: >Er ist eben gestorben wie ein Verbrecher!< Aber sie stecken noch voller Angst, denn sie sind nicht sicher in dem, was sie von ihm halten sollen. Sie möchten aus ihrer Ruhe nicht aufgestört werden."

Ich frage: „Wie lange ist es her, dass Er gestorben ist?"

„Noch nicht lange, drei oder vier Jahre. Ich selber habe Ihn nicht gesehen, aber diese Männer verkünden die Wahrheit, es ist wirklich die Wahrheit. Ich habe keine Zweifel, weil ich eine Erinnerung habe: Ich sehe mich als alten Mann, der weiß, dass das Licht auf die Erde kommen wird. Aber ich sterbe vorher, und jetzt ist es die Erinnerung in mir, ich weiß, dass Er da war. Ich habe Ihn nicht gesehen, und ich eigne mich auch nicht zum Predigen. Ich mache es nur, weil dieser alte Mann Ihn gesehen hat, und er strahlt noch etwas davon aus. Sein Gesicht leuchtet, als er sagt, es ist gut, das Wahre zu verkünden.

Aber ich kann es irgendwie nicht richtig. Das Innere auszusprechen, fällt mir schwer, ja, die inneren Worte auszusprechen, das kann ich nicht. Es fließt noch nicht so, es ist innen, aber es fließt noch nicht heraus. Und darum kann ich auch die Menschen nicht erreichen. Es kommen zwar Menschen, die hören wollen, aber zwischen uns ist noch unsere Mauer, ihre Mauer und meine Mauer. Ich habe das Gefühl, ich kann sie erkennen und das verborgene Licht in ihnen sehen, aber ich kann es nicht entzünden.

Die Menschen sind verwirrt, sie glauben ihren Priestern nicht mehr, aber sie wissen auch nicht genau, was richtig ist. In der Verwirrung liegt eine gute Möglichkeit, das Licht zu finden. Aber sie trauen sich nicht. Alle sind etwas niedergedrückt. Sie kennen es nicht.

Durch die Kreuzigung von Jesus Christus strahlt noch ein großes Licht über der Gegend, und das führt zu Spannungen in den Menschen. Sie können es nicht annehmen, können sich nicht öffnen.

Er ist in der Nähe gekreuzigt worden, und dort strahlt noch ein Licht, das kann ich wahrnehmen, es steht wie eine Kuppel über der Gegend, und die ganze Gegend ist durch dieses Licht gereinigt. Durch das Geschenk.

Ich merke bei den Menschen, dass sie in ihrem Inneren nicht wissen, wohin sie sich wenden sollen. Sie haben zum ersten Male Zweifel an den Priestern. Aber Jesus ist eben jetzt nicht mehr da, und sie sagen: >Wenn er doch noch hier wäre, dann könnten wir ihn erkennen!< Sie wissen gar nicht, wohin sie sich wenden sollen.

Ich nehme alles wahr, aber es entsteht nicht viel Gefühl bei mir, aber auch keine ... ja, ich sehe einfach, was sich da abspielt. Ich bin Außenstehender, beobachte und höre es. Ich schaue die Menschen an und kann ihre Stimmung wahrnehmen.

Sie beklagen sich darüber, dass sie keine Möglichkeit zum Prüfen haben, ob alles wahr gewesen ist. Wenn Jesus Christus noch leben würde, denken sie, könnten sie es prüfen. Sie sind aufgestört, aber es ist zu spät, und sie wissen nicht, wohin sie sich wenden sollen.

Außen ist das Licht, das so stark ist, dass es fast mit ihrem Inneren in Berührung kommt, aber das ist so fremd! Sie können ihre inneren Stimmen nicht hören, die sich leise regen. Das ist so fremd! Sie haben immer nach außen, auf den Priester und die Gebete gesehen.

Ich beobachte es alles nur und kann nichts tun. Aber es ist das Wichtigste, was mich beschäftigt. Ich arbeite nicht, ich brauche nicht viel zu essen; es ist fast so, als ob ich gar nichts brauche. Ich trinke ab und zu, ja. Und ich schaue immer wieder, wie es mit dem Licht ist.

Dem Priester geht es nicht anders, er weiß auch nicht mehr, was er denken soll. Es ist, als ob das Buch und der Altarschmuck ihre Kraft verloren haben.

Das Stärkste ist dieses Licht über der Gegend. Die anderen Menschen sehen es nicht, aber sie merken, dass etwas anders ist als vorher, sie sind bedrückt und stehen unter Spannung. Die Menschen finden keinen Ausweg, sie brauchen ihren Glauben, ja!

Ich gehe in der Stadt umher und nehme alles wahr. Ich werde älter dabei, grauhaarig und faltig, und lerne nicht, ihnen etwas zu vermitteln. Ich bin ein Außenseiter und schaue sie an wie fremde Wesen, ohne Ablehnung und ohne Liebe. Es ist ganz komisch, ich wandere nur so herum."

Ich frage sie: „Was lernst du für dich selbst dabei?"

„Ich weiß es nicht. Ich weiß nicht, was ich lerne und was ich lernen sollte. Ich bin ziemlich leer, bin nichts."

Und ich frage weiter: „Ist es das, was Jesus wollte?"

„Nein! Aber wenn sie Ihm nicht geglaubt haben ... Jetzt fühle ich eher, dass ich ihnen nicht helfen will. Es ist keine Liebe in mir. Sie sind mir so fremd! Tsss! Und ich habe es auch versucht, aber sie glauben mir nicht."

Ich sage: „Das kennst du doch schon, liegt das immer an den anderen Menschen?"

„Nein, ich muss sie besser verstehen, muss verstehen, was für sie wichtig ist. Ich nehme die Angelegenheiten nicht wichtig, die für sie wichtig sind, das Alltägliche. Ich fühle mich da auch wie in einer fremden Welt; ich weiß nicht, wie ich mich einfügen oder einordnen soll."

Sie macht eine längere Pause, und ich sage: „Blende etwas weiter in der Zeit und schau dir an, was geschieht, wenn du dieses Leben verlässt!"

„Ja, da ist auch nichts, keine Hölle, kein Himmel, nur Leere. Die Leere setzt sich fort. Ich fühle mich weder wohl noch unwohl. Es ist eine ganz komische Leere, weder hell noch dunkel. Nichts, nichts, auch keine Liebe."

Ich sage: „Dabei hast du den Menschen doch vom Licht und von Leben sprechen wollen?"

„Ich konnte die Menschen nicht erreichen. Ich will nicht, ich will nicht! Ja, ich weiß nicht, warum ich nicht will. Ich habe mich bemüht ... das stimmt aber nicht ganz, eigentlich wollte ich nie. Ich hätte dann sterben, leiden und ganz viel Schmerz auf mich nehmen müssen."

Ich frage: „Warum das?"

„Jesus hat es getan, und als Geschenk ist das nötig. Es ist ein Geschenk an die Menschen. Nur, meine Liebe an sie ist nicht echt."

Ich frage: „Was könnten die Menschen mit so einem Geschenk anfangen? Nützt ihnen das etwas?"

„Ja, es trägt ihre Schuld ab. Wenn ich es nur glauben könnte! Ich weiß es ... doch: Das Geschenk trägt von

ihnen etwas ab, es trägt ihre Schuld ab. Es wird lange, lange dauern. Aber was ist das wohl für eine Schuld? Und wie wird sie abgetragen?...

Es wird den Menschen dann leichter zu erkennen, weil das Licht von außen stärker wird. Es nimmt ihnen etwas von dem Weg ab, den sie sonst selbst gehen müssten. Man muss das große Leid auf sich nehmen und alles in Liebe. Man kann ihnen etwas abnehmen von ihrem Leid, das ist dann ganz kurz und intensiv.

Jeder muss selbst zur Erkenntnis und zur Wahrheit gehen, das ist ein Weg, ein Leidensweg, der schmerzvoll ist. Und Jesus Christus hat das Geschenk gezeigt. Man kann es in Liebe für die Menschen schenken. Das nimmt ihnen Leid.

Also, wenn ich es für sie erlebe, dann brauchen sie nicht mehr zu leiden." (Sie weint sehr.) „Wenn ich es bewusst für sie tue, und das will ich nicht! Das will ich nicht! Ich habe Angst vor diesem Leid. Ich habe schon durch die Menschen gelitten, aber das war meinetwegen und nicht für sie. Schon das kann ich ihnen nicht verzeihen!

Jeder hat den Weg zu gehen, den Jesus Christus gegangen ist, das Leiden auf sich zu nehmen. Ich bin nicht für sie verantwortlich, ich will für die Menschen nicht verantwortlich sein! Das ist eine große Last, ich habe Angst, dass mich das erdrückt!"

Ich frage sie: „Was ist der Unterschied zwischen dir, der du als Engel auf die Welt wolltest, und den Menschen?"

„Viele sind Engel, die als Menschen leben. Woher die anderen kommen, das weiß ich nicht. Ich soll nicht für die anderen Engel leiden, die herunter gekommen sind. Der Ursprung ist gleich, die Engel müssen das Leid auf sich nehmen. Sie müssen Jesus Christus nachfolgen, und auch die Menschen, die davon wissen, alle, die von der Wahrheit wissen, müssen es tun.

Die Engel kommen von oben, und die Menschen kommen von unten." (Sie weint.) „Ursprünglich sind aber alle gleich. Die Menschen haben sich abgespalten, sie sind auf die Erde in die Unwissenheit gefallen. Sie müssen ganz von Anfang an entdecken und lernen. Das ist schwer! Sie müssen sich hindurch wühlen.

Ist das ihre Schuld? Es ist fast so, als ob dieser erste (Luzifer) heraustritt ... Das ist ihre Schuld, von der sie nichts wissen. Erst ganz spät werden sie der Wahrheit näherkommen, dann können sie es erkennen. Vorher ist alles dumpf und vergessen.

Die Schuld der Menschen ist, dass sie nicht wollen wie Gott. Gott hat ihnen viele Kräfte zum Bauen und Wirken auf der Erde gegeben, so dass sie ihre eigene Welt schaffen konnten.

Wenn sie ihre eigene Welt erschaffen haben, können sie fragen, woher wie selbst gekommen sind, vom Ursprung. Aber zuerst müssen sie die Erde erfahren, das ist ihre Weg. Sie erfahren die Naturgewalten und dann später den Ursprung.

Ach, sie tragen eine große Schuld mit sich! Das ist so komisch, das verstehe ich nicht so richtig! Es ist anders als bei mir. Engel haben die Schuld nicht wie die Menschen, aber sie haben die Aufgabe, die Schuld mit abzutragen, ja!

Die Menschen müssen irgendwann ihre Schuld erkennen. Es dauert sehr lange. Und wir müssen sie abtragen. Ich habe nicht gewusst, was ich mit ihnen zu tun habe, und so richtig habe ich noch nicht verstanden, was ihre Schuld ist ...

Sie haben gegen Gottes Willen gehandelt. Sie wussten, was Sein Wille ist, und sie haben dagegen gehandelt. Dadurch sind sie gefallen, gefallen, gefallen – immer tiefer – haben sich verfestigt und alles vergessen. Aber was haben sie gegen Seinen Willen gehandelt?

Also, jetzt fällt mir die Bibel ein, und ich weiß, dass es richtig ist mit diesem Apfel. Es ist ein gutes Bild, und sie sind danach gefallen. Zuerst haben sie etwas gegen Seinen Willen getan, sie wollten weg ... Es ist ihr Wille gewesen, selbst zu schaffen. Gott hat es ihnen erfüllt. Die Gärten im Paradies ... das, was dort gegeben ist, wollten sie selbst tun.

Es ist gar nicht gegen Gottes Willen, sondern es ist der freie Wille. Und die Menschen haben sich entschieden, selber zu schaffen, und dafür ist die Erde der Platz. Es ist gar keine Schuld in dem negativen Sinne.

Es ist Sein Wille, dass die Menschen Gott nahe kommen, aber sie müssen dafür den langen Weg gehen. Sie können sein wie Gott und können eins werden mit Gott, und dafür lernen sie zuerst das Schöpfen, das Erschaffen. Die Erde ist wie ein kleiner Spielplatz zum Üben, zum Üben, um wie Gott zu sein. Gott hat nichts dagegen, dass sie so wie Er werden ... Das wird einmal so sein. Die Engel sind später hinunter gekommen und wollten wissen, was die Menschen sind.

Jetzt versteht ich das nicht mehr mit der Schuld und dem Leid ... Die Bereiche Himmel und Erde nähern sich und durchdringen einander. Und die Engel sehen das an, was die Menschen geschaffen haben, und dabei ist ja auch viel Schönes. Jetzt verstehe ich das nicht mehr mit dem Leid ...

Ja, die Menschen sollen die Göttlichen Gesetze zuerst auf der Erde erfahren. Sie stolpern noch, schaden sich gegenseitig und helfen sich nicht; das ist nicht von Gott. Sie achten das Leben nicht und ehren es nicht, die Pflanzen und die Tiere. Das ist nicht von Gott. Und darum haben sie so ein Chaos geschaffen. Die Engel helfen, damit es nicht so schlimm wird. Die Menschen allein würden sich selbst vernichten. Sie vernichten sich gegenseitig, und das müssen sie auch erfahren. Die Engel und Gott helfen, damit es nicht zu schlimm wird.

Ja, das ist der freie Wille. Darum dürfen sie sich auch nicht beklagen und sagen: >Wenn es einen Gott gäbe, müsste es gerechter zugehen.< Wie die Kinder! (Sie lacht ein bisschen.) **„Sie können auch schlecht Hilfe annehmen, und es dämmert erst allmählich wieder. Wenn sie erkennen, dass etwas schief läuft, dann dämmert es allmählich wieder."**

In der sechzehnten Sitzung klärt Gerika für sich den Unterschied zwischen Engelwesen, die in Menschengestalt leben, und den gewöhnlichen Menschen. Es sind zwei verschiedene Erkenntniswege, auf denen unterschiedliche Erfahrungen gewonnen werden, die aber beide zu einem Ziel führen: den göttlichen Ursprung wieder zu entdecken.
Die Engel sind als Helfer für die Menschen gesandt, aber sie lernen auch etwas von den Menschen, was ihnen vorher unklar war. Am Ende der Wege treffen beide Entwicklungsströme wieder zusammen und vereinigen sich im göttlichen Urgrund, indem sie werden wie Gott.
Aus Gott entspringt alles, was ist, und in Gott endet alles, was war – vielleicht bis ein neuer Schöpfungszyklus beginnt? Gerika verfolgt das Thema in der folgenden Sitzung weiter.

Siebzehnte Sitzung

Wir beginnen damit, über einen Absatz aus dem Buch **Schau Heimwärts, Engel** zu sprechen. Es geht um einen kleinen Jungen, Eugen, der gerade geboren ist, die Welt aus seiner Perspektive betrachtet und sich verloren vorkommt. Er hört in seinem Inneren eine Glocke, die ihn an etwas erinnert. Gerika sagt:

„Da kommt mir wieder der Kreis von Schwestern in den Sinn. Die Glocke, das ist der Urton, es ist wie ein Urton, der ruft: >Heim.< Es ist für alle gleich, ja, für alle gleich!

Es kommt noch ... Unsere Aufgabe ist es zu helfen, das Licht zu verbreiten, um Menschen zu trösten und zu führen. Und in dem Zwischenbereich müssen wir sie reinigen. Ja, und auf der Erde sie erkennen, ihnen helfen und sie lieben."

Ich frage: „Wie kommt es, dass es dir so schwer fällt, sie zu lieben?"
Sie weint:

„Weiß ich nicht ... Weil sie so schlecht verstehen und weil sie starke Eigenschaften haben, die auch ich nicht so leicht verstehe und die ich ablehne. Ja, das reibt sich dann. Wenn jemand mächtig und habgierig sein will, dann habe ich das Gefühl, da muss ich mich unter ihn stellen, um an ihn heranzukommen, und dann denke ich, dass ich dumm bin oder so, weil ich keine Anerkennung finde.
Im Zwischenreich ist es anders. Da ist es leichter, den Menschen zu helfen. Aber auf der Erde will ich nichts mit ihnen zu tun haben, auf der Erde ist es schwerer, im Licht zu bleiben. Oben bin ich nicht so allein, da ist es ganz leicht, weil ganz klar ist, was zu tun ist. Dort steht mir mein Wille nicht im Weg, und ich weiß einfach, was zu tun ist.
Als Mensch bin ich auch verwirrt, aber es ist schon besser geworden. Irgendwie fühle ich mich sehr gekränkt und verletzt. Allmählich kann ich besser erkennen, dass sie das Ihre tun. Jeder tut das, was er kann. Die Menschen haben es viel schwerer, zu Gott zu finden, und ich weiß noch nicht richtig, wie ich ihnen auf der Erde helfen kann."

Ich frage: „Bist du denn jetzt bereit dazu?"

„Ja, es ist immer noch so, dass es mir bei einigen leichter fällt als bei anderen. Aber ich will es jetzt eher,

jedenfalls, weil es auch ein Geschenk ist, es tun zu dürfen."

Sie macht eine längere Pause, und ich schicke sie dann auf eine Erkenntnisebene im spirituellen Raum, von der aus sie sich den Anfang der Erdentwicklung ansehen soll, um zu verstehen, wie sich die Sache mit den Menschen verhält.

„Ich sehe eine orangefarbene glühende Kugel, einen Lichtball. Es dauert lange, lange, bis er abkühlt. Wodurch kühlt er ab? Jedenfalls sehe ich am Anfang diese Kugel, und sie ist eine leuchtende Energiemasse, die sich zusammenballt, strahlend und heiß, und dann ... Der innere Kern bleibt bestehen, und außen bilden sich Schichten. Das entsteht durch den ... Das ist gewollt. Es entsteht durch den Willen Gottes, dass es abkühlt."

Ich frage: „Woraus besteht diese Kugel? Ist sie Materie oder Wesen?"

**„Am Anfang ist es Wesen. Es ist mütterliches Wesen, es soll mütterlich sein. Ja. Es wird weiter geformt durch den Geist. Diese Kugel empfängt die Richtung durch den Geist. Hm, ja. Also, es ist formbare Energie, und der Geist wirkt immer weiter auf den Erdball ein. Ach, jetzt ist es ja noch kein Erdball, sondern eine Kugel! Durch die Einwirkung des Geistes entstehen Schichten, ja, Feuer und Wasser.
Und dann sehe ich den ganzen Ball oben mit Wasser und Eis bedeckt. Aber innen bleibt das Feuer. Feuer, Wasser, Erde, Luft. Also, unter dem Eis ist schon Erde. Die vier Elemente entstehen. Die Luft bildet sich wie eine Hülle darum herum, und das Ganze kreist. Aber da sind noch keine Lebewesen. Die Sonne selbst ist viel älter. Das Eis schmilzt.**

Ich möchte jetzt wissen, wann das erste Lebewesen entsteht. Hm ... An einigen Stellen schmilzt das Eis, dann kommen Felsen, das zieht sich hin und her, und das Wasser läuft herum. Auf der Oberfläche ist Eis, Wasser, Felsen, Sand."

Ich frage: „Tut das Wesen Erde etwas dazu, dass etwas entsteht?"

„Es ist in seiner Eigenart geschaffen. Es ist so gewollt, dass dieses Wesen da ist, dass es mütterlich ist und empfangen und nähren kann. Es entwickelt so seine Eigenart. Es will ... Es ist so, als ob es den Willen erhält, dass etwas wächst und dass es fruchtbar wird. Es hat einen Willen, und eben diese vier Elemente gehören dazu. Es ist das Wesen mit diesen Elementen, der Luft, dem Wasser, der Erde und dem Feuer. Das alles gehört dazu.
Aber wie kommt es zum Wachsen? Das dauert wohl lange, ja! Da sind noch Felsen, Wüste und Meer, tiefes Meer. Da wächst nichts. Aber auf dem Meeresgrund wächst etwas. Also zuerst dort, wo Wasser und Grund zusammenkommen. Aber wie entsteht es denn?
Da sind kleine einzellige Wesen, viel kleiner, ja. Und jetzt ist es so, dass da zuerst Pflanzen und Algen auf dem Meeresgrund sind. Dort, wo Wasser und Grund zusammenkommen, sind sie noch voll beweglich. Dann schließen sich Zellen zusammen und verankern sich wie Algen im Grund, halb im Grund und halb im Wasser.
Zuerst verändert sich der Teil, der halb im Grund ist, und zwar dadurch, dass er im Grund ist, und wenn das Wasser verschwindet, kommen die Pflanzen in die Luft. Einige Pflanzen bleiben im Wasser, und einige kommen in die Luft, weil das Wasser zurückweicht.
An der Luft ist es zuerst auch wieder so, dass einige Pflanzen dadurch zerstört werden. Das ist die erste Verwesung durch diesen Elementenwechsel. Das Wis-

sen von der Verwesung dringt in die Erde ein. Es ist das Wissen der Pflanzen, die ihre Umstellung nicht gleich geschafft haben. Die ganz kleinen Pflanzen, die gerade sprießen, die werden dann anders als die anderen im Wasser.

Ja, das Bewusstsein, die Intelligenz hat sich gesammelt, und einige schaffen es dann und geben es weiter in ihren Samen. So als Nachricht wie: >So müsst ihr das machen!<

Die Erde selbst erhält dadurch kein Bewusstsein. Das Bewusstsein der Verwesenden sammelt sich in der Erde und zieht sich dort zueinander. Durch das Versammeln des Bewusstseins entsteht ein neuer Energiekreis, und neue Organismen wachsen daraus.

Die Erfahrungen werden zusammengetragen, und das Wissen vergrößert sich. Darum brauchen sie nach wie vor das Wasser, es ist ihr ursprüngliches Element. In dem Samen, da ruht das gesammelte Bewusstsein, die gesamte Erfahrung des Bewusstseins ist darin enthalten. Und jetzt entstehen noch verschiedene Formen, weil ... einmal haben sich aus den Verwesenden verschiedene Bewusstseinsgruppen versammelt, und sie alle haben das Bestreben zu leben und zu wachsen. Dafür gibt es verschiedene Gestaltungsmöglichkeiten, verschiedene Formen. Nur das Grundprinzip der grünen Blätter, die Luft nutzen, ist bei allen gleich. Aber der Formenreichtum, ja, der ist verschieden.

Es ist so, als ob die Pflanzen sich untereinander erkennen und sich auch ... ja, dass es irgendwie freudig ist. Fast so, als ob sie sich untereinander erkennen und ihre Verschiedenheit und das Gemeinsame herausfinden.

Jetzt sehe ich wieder das Meer und den Meeresboden, und ich sehe, wie aus den einzelligen Wesen Knoten entstehen, die sich dann auf dem Boden verankern. Einige haben sich nicht verankert, sie schwimmen umher und bewegen sich. Auch da entstehen wieder verschieden große Gebilde. Mal mehr, mal weniger Zellen zusammen."

Ich frage: „Was tut Gott dabei, wie greift Er ein?"

„Gott gibt ihnen die Kraft, Er ist immer da, wie der feine Atem oder der feine Strom. Er gibt ihnen das Bewusstsein und den Willen. Er gibt den Zellen auch den Willen; sie haben den Willen zum Wachsen und zum Leben. Aus diesem Willen entsteht die Vielfalt. Es verselbständigt sich, und daraus entwickeln sich verschiedene Intelligenzen. Er gibt den Funken, und dann ist immer der feine Atem da, der alles durchströmt, und die Entwicklung geschieht willentlich nach diesem Gesetz. Sie wollen und suchen Möglichkeiten.
Die Tiere wollen sich nicht an die Erde binden, wollen sich nicht verankern. Sie wollen sich bewegen, ja, es ist ein Probieren. Erst ist der Wille da, und dann probieren sie aus, wie es geht. Die einen probieren es so, und die anderen probieren es anders. Diese Zellen wollen sich nicht verankern. Zuerst war alles im Wasser, die Tiere auch. Und dann fängt es schon an, dass die Schwimmenden die grünen Lebewesen fressen. Wie kommen sie denn darauf? ...
Der Wille ist stärker in diesen Tieren. Da ist schon der Wille, sich zu bewegen, und die Pflanzen haben den Boden und das Wasser und können von dieser Nahrung leben. Die Fische machen es sich zunutze, dass es in den Pflanzen gesammelt wird, weil darin Nährstoffe sind, die sie selbst nicht aufnehmen können, weil sie nicht mit der Erde verankert sind. Sie brauchen Nahrung von allen Elementen, und das der Erde können sie sich nicht selbst holen.
Ich weiß nicht, wohin ich sehen soll. Wie das Leben auf das Land kommt? Aber mich interessiert auch, wie sie dazu kommen, die Pflanzen zu essen, und wie es für die Pflanzen ist, gegessen zu werden."

Ich fordere sie auf: „Versetze dein Bewusstsein in eine dieser Pflanzen und schau, wie du dich als Pflanze erlebst!"

„Ich bin in einem Kreislauf und habe es gelernt, aufzunehmen und weiterzugeben durch meine Blätter und Wurzeln. Aufnehmen, umwandeln und weitergeben. Das ist ganz harmonisch, schön und friedlich.
Dann kommt ein Fisch und frisst mich. Hä! Das ist nicht so schlimm, nein, das ist nicht schlimm! Denn das Verwesen kommt sowieso. Es ist nur ein anderer Kreislauf. Sonst bekommt die Erde die Kräfte zurück, und jetzt sucht sie sich der Fisch. Es ist in Ordnung."

Ich frage: „Auf diese Weise wirst du ein Teil des Fisches?"

„Ja, ich verbinde mich mit dem Fisch. Er bekommt von mir, was er nicht hat, das Wissen aus der Erde, und ich bekomme etwas von seinem Wissen, von der Bewegung und von dem Steuern mit den Flossen. Ich lebe in dem Fisch weiter als etwas Neues, ja, es ist sogar ein Fortschritt.
Ich nehme sein Wissen in meine Zellen auf, die in ihm sind. Damit verlasse ich die pflanzliche Stufe und werde zum Fisch. Mir kommt zugute, wohin er auf seinem Weg gelangt ist."

Ich sage: „Bleibe in dem Fisch und beobachte, wie es weitergeht."

„Ja, da ist der Wille nach Bewegung und das Streben, etwas zu erkunden. Das Wasser ist erkundet, und nun kommt das Bestreben, aus dem Wasser heraus zu gelangen, etwas Neues zu erfahren, also: sich auszudehnen. Vielleicht kommt es auch aus der Pflanze. Ja, es wächst der Wunsch, sich auszudehnen, und das kommt aus der Erde. Das Feste will aus dem Wasser

heraustreten. Aber der Fisch stirbt und verwest auf dem Land. Sein Bewusstsein dringt in die Erde ein.

„Und wohin kommt es dann?"

„Es verbindet sich wieder mit einem Ei. Der Wunsch ist noch da, und er verbindet sich mit dem Fischlaich. Es will wieder Fisch werden und weiterkommen. Und dieser Fisch will wieder das Wasser verlassen, hat aber schon eine Erfahrung mit der Verwesung gemacht ...
Er wird ganz groß und fest, riesig groß. Der bewusste Wille gestorbener Fische kommt hinzu. Es kommt alles in einem zusammen, und so entsteht allmählich ein neuer Organismus. Das Wollen wird zusammengetragen, ja! Und sie haben viel von dieser festen, schweren Erde erhalten. Dadurch werden sie ein neues Lebewesen, das sich auf dem Grund des Meeres herum bewegt und nicht mehr schwimmt. Es ist so schwer, es kann sich kaum vom Fleck bewegen!
Es wirkt immer wieder der gleiche Prozess: Aus der Erfahrung mit der Erde entsteht ein dickes Lebewesen, das sich nicht gut bewegen kann und schwerfällig auf dem Grund liegt. Dann fängt es an, sich zu schlängeln, es geht also wieder um die Fortbewegung, und einiges schlängelt sich hin und her. Und anderes ... Ja, es ist immer wieder die Teilung und das Zusammenkommen von Willen und Erfahrung. Danach entstehen die Ansätze von Gliedmassen und Bewegung auf dem Meeresboden."

Die Auseinandersetzung mit der Entstehung der Lebensformen beschäftigt Gerika sehr. Wir beenden die Sitzung nach Ablauf unserer zwei Stunden mitten in diesem Erkenntnisprozess.
Es ist nicht immer leicht, an eine Erfahrung am nächsten Tag anzuknüpfen, weil in den restlichen Stunden des Tages viele Ereignisse auftreten können, die das Innere in

eine andere Richtung drängen. Gerika bleibt gewöhnlich auf ein Thema konzentriert, so dass die Unterbrechung kaum zu existieren scheint.

Wir besprechen, am nächsten Morgen an diesem Thema weiter zu arbeiten.

Achtzehnte Sitzung

Ich frage Gerika in der Entspannung: „Schau noch einmal auf die Erdenentwicklung. Wie entwickeln sich die Wesen und das Bewusstsein?"

Eben habe ich eine dicke Schildkröte gesehen. Gestern war im Wasser der dicke Körper, der immer schwerer wurde, und jetzt sehe ich etwas Ähnliches wie eine Schildkröte, ganz groß und massiv. Dieser Körper schwebt zur Oberfläche und schwimmt. Halb kriecht er dann über den Grund am Ufer. Die Luft ist dieser Form fremd.

Das alles entsteht aus einem Entwicklungsdrang. Sie können nicht mit der Luft umgehen, gehen wieder zurück, bewegen sich hin und her, und dann ist es so, als ob auch sie wieder in der Luft verenden, wenn das Wasser zurücktritt.

Dann fängt der gleiche Kreislauf an: Das Bewusstsein sammelt sich und sucht einen neuen Körper und trägt darin Informationen zusammen. Da entsteht eine Vielfalt von Formen und Körpern und allmählich ... hm ... ich weiß nicht, wie es genau vor sich geht, aber irgendwann können sie atmen und die Luft direkt aufnehmen."

Ich fordere sie auf: „Schau dich auf dem Land ein wenig um!"

„Ja, da gibt es Felsen und verschiedene Pflanzen. Bei den Pflanzen ist es sehr viel weitergegangen. Ein

Wachsen und Sprießen, gewaltig! Da sind Bäume entstanden. Ich sehe einen dicken Stamm, eine dunkle Rinde, sehr dunkel und glatt. Er hat dicke, fleischige Blätter.

Jetzt sehe ich es so, als ob der Baum nicht richtig fest sei, ja, er ist noch gar nicht fest, sondern feinstofflich. Alles scheint so zu sein. Der Baum jedenfalls ist feinstofflich. Wie kreisendes Bewusstsein, suchend und gestaltend, in sich selbst bewegt.

Da ist kein Tun, sondern es geschieht und hat doch eine gewisse Form in dieser Feinstofflichkeit. Aber es ist noch gar nicht fest, hat keine Dichte, sehr komisch! Hä! Da sind viele solcher Bäume. Jetzt weiß ich gar nicht, wann sie fest werden ...

Alles scheint so zu sein, oder liegt das an mir? Ja, das ist die wahre Natur von allem. Weil ich jetzt auch nicht fest bin, kann ich es so sehen und da hindurchgehen. Ich treffe auf keinen Widerstand. Alles ist so, auch die Felsen. Ich sehe das feinstoffliche Abbild der Felsen."

Ich frage: „Was ist denn das Wahre und Wirkliche, das Feinstoffliche oder das Feste?"

„Na ja, das Feine. Das ist die Grundidee. Das Feste kann sich verändern durch das Feine. Es ist überhaupt so: Es gibt keinen Stillstand, alles kreist und pulsiert. Es ist alles sehr lebendig, die ganze Erde. Nach der Erde erfahren sie die Luft und fliegen. Die Tiere laufen in der Vielfalt der Bewegung herum und suchen nach neuer Erfahrung."

Ich frage: „Wie fängt es mit den Menschen an? Kannst du das sehen?"

„Das geht so bis zum aufrechten Gang. Und bei den Menschen ... Die entwickeln sich aus dem Tier. Es ist ein Suchen, ein Trieb, die Welt ... die Erde zu erkunden und zu meistern.

Die Menschen ... hm, es ist noch nicht ganz klar, aber beim Menschen kommen die Gruppen nicht mehr zusammen zu einem neuen Körper. Bei den Tieren war es so, dass sich um jeden Körper wieder mehrere Seelen sammeln. Beim Menschen hört das auf. Es beginnt das Streben, die Geheimnisse zu erkunden. Das ist ganz einfach; aufrecht stehen und sehen, suchen und ergreifen und etwas gestalten, was das Tier nicht kann.

Das ist beim Menschen das Neue: Die Dinge zu entdecken, sich einzurichten und sich nicht selber anzupassen, sondern einfach darüber hinauszugehen, die Welt ergreifen und verändern.

Dann kommt der Wunsch, hinter die Dinge zu sehen, ja hinter alles zu sehen, weil diese Vielfalt zu verwirrend ist. Es ist nicht einfach. Es geht jetzt erst einmal damit los, alles zu unterscheiden, die Menschen und Tiere, und sich vor den Tieren zu schützen. Das Denken fängt an und wird stärker."

Ich frage sie: „Welche Nahrung nehmen die Menschen auf?"

„Am Anfang sind es Pflanzen. Ich kann nur sehen, dass der Mensch Pflanzen pflückt und isst. Er will sich vor den Tieren schützen. Das Fressen der Tiere kommt durch die Beobachtung von dem, was die Tiere tun. Es ist so, als ob sie am Anfang keine Tiere töten. Sie haben gesehen, dass Tiere andere Tiere essen, und sie wollen das auch versuchen. Aber sie töten nichts, sondern, wenn eines verwundet liegt, dann probieren sie es.

Das Töten entsteht aus Angst. Sie haben Angst... damit besteht die Trennung zwischen den Tieren und den Zweibeinern. Sie haben Angst, angegriffen und getötet zu werden.

Anfangs verteidigen sie sich, und erst später fangen sie an zu jagen und zu erbeuten. Das ist wie ein Aggressionstrieb. Sehr komisch, hm ... Das ist, wie um die Tiere zu beherrschen. Angst, dass die Tiere mächtiger sein könnten. Ich sehe jetzt hauptsächlich Angst. Die Menschen haben Angst vor den Tieren."

Ich frage: „Woher kommt diese Angst?"

„Es ist die Angst vor Vernichtung. Die Tiere hatten das auch schon, die Pflanzen nicht. Aber warum es entstanden ist ... weiß ich nicht... Es werden so viele, und da ist es etwas zu eng für alle. Aber warum töten sie sich denn gegenseitig? Sie töten sich nur, um zu überleben, das ist klar. Die Tiere töten um zu leben, und die Menschen bekommen Angst.
Bei den Tieren tritt die Angst im letzten Moment auf, im Kampf. Da entsteht gar nicht so viel Angst. Es ist nur der Impuls weiterzumachen, zu leben. Die Menschen sondern sich von den Tieren ab. Unter den Tieren ist alles sehr geregelt. Das verstehe ich noch nicht so ganz, wie es bei den Tieren und mit dem Töten ist. Aber das ist wohl auch eine Überentwicklung oder Höherentwicklung.
Wohin geht denn das Bewusstsein von dem Tier, das gefressen wird? ... Es verbindet sich mit dem neuen Tier, das es frisst. Es werden nur die Tiere gefressen, für die eine Höherentwicklung ansteht. Die kennen ihre Art und Rasse schon. Da gibt es nichts Neues mehr zu erkunden. Dann werden sie gefressen.
Der Mensch muss es anders lernen. Der kann sich nicht mehr durch Fressen höher entwickeln. Der Mensch ist die Endform.
Einige Menschen haben es aber auch versucht, höher gestellte Leute zu essen, aber das hat sich nicht durchgesetzt." (Sie lacht ein bisschen.)
„Es ist so, weil der Mensch lernen muss, sein Bewusstsein allmählich zu erweitern. Er braucht sich in keiner neuen Form auszuwachsen, sondern muss sich nur verfeinern. Er sucht so lange im Außen, bis es da

nicht mehr weitergeht. Aber warum fällt ihm das so schwer, das innere Wesen zu erkennen?

Er hat zuerst noch den Drang, bis an die eigenen Grenzen zu gehen. Die Erde zu formen, zu gestalten und zu beherrschen. Erst wenn er merkt, dass er sie nicht beherrschen kann und an eine Grenze kommt, geht er nach innen. Ja, es ist zwangsläufig, dass er diesen Weg geht, und das ist auch gar nicht schlimm. Es ist nur die Suche."

Ich sage: „Du als Engelseele verstehst das nicht. Kannst du dein Bewusstsein in den Menschen hineinversetzen, um ihn von innen zu erleben?"

„Ja, ich bin in einen anderen Zustand gegangen, bin jetzt mehr wie ein Affe. Ich bin begrenzt, und ich hantiere mit Steinen herum. Es ist dieses Ausprobieren, Steine aufeinander zu legen, und dann kippen sie wieder um. Ich sammele Steine aus der Umgebung und will einen Steinhaufen machen. Aber ich weiß nicht warum." (Sie kichert.)

„Es ist ganz schwer. Ziemlich dumpf fühle ich mich. Im Moment ist es eher ein Affen ähnlicher Zustand, keine Sprache, kein Wort, nur ein Grunzen. Aber es ist wie Hände ausprobieren, tragen und sammeln. Es ist etwas zu gestalten.

Ich laufe immer hin und her und sammele Steine. Der Steinhaufen wächst, und das sehe ich mir an. Das ist eine Veränderung der Umwelt, etwas erschaffen, was vorher noch nicht da war. Das freut mich sehr!

(Sie lacht herzhaft, prustet.)

„Das kann ich auf einmal wiedererkennen, das ist nun mein Steinhaufen! Ich kann es wiedererkennen, der gehört zu mir. Komisch! Es ist das schaffen Wollen, das Gestalten, das Wundern über das, was wächst und woher es kommt. Ein dumpfes Wundern und dann es selbst machen. Ansonsten ist es nur dumpf. Ein dumpfes gefangen Sein."

Ich sage: „Schaue etwas weiter, ob du dich in einen frühen Menschen versetzen kannst."

„Ja, ich bin jetzt ein Mann, stark und kräftig, mit einem Fell übergeworfen, habe einen Speer in der Hand, der ist wie ein Ast, und vorne ist eine Spitze aus Stein.
Ich bin hungrig, und der Hunger treibt mich auf die Jagd. Ich laufe kräftig und federnd. Ich laufe barfuss und will jagen. Dort ist Steppe, Tiere mit Geweihen und Hörnern. Und jetzt habe ich eins! Ich habe mich angeschlichen, und die Tiere laufen weg. Ich kann ganz schnell laufen, kann eins am Geweih packen und steche es am Hals. Ich habe Hunger. Da läuft das warme Blut heraus, ich denke an das saftige Fleisch und schleppe es wieder zurück. Es ist ganz normal, das zu tun.
Das Bewusstsein der Tiere verbindet sich mit meinem. Es ist wieder so, dass ich etwas von dem Instinkt bekomme. Das Bewusstsein des Tieres steigt auf, und ich übernehme etwas von diesem Instinkt, diesem Laufen und Pirschen.
Das ist auch ein Kreislauf. Es ist so dumm! Es geschieht ziemlich viel automatisch, ohne Gedanken. Den Weg zurück mit dem Tier, und dann wird das Fell aufgeschlitzt. Es wird abgezogen, und dann essen alle. Wir essen es roh mit den Händen. Es schmeckt blutig, und wir müssen es lange kauen. Aber die Zähne sind spitz und kräftig, und es kräftigt sehr, dieses blutige rohe Fleisch. Dann werde ich müde und schlafe."

Sie macht eine längere Pause, und ich schicke ihr Bewusstsein dann wieder auf die spirituelle Erkenntnisebene. Das heißt, sie soll das Bewusstsein höher ausdehnen und von einem überbewussten Zustand das, was sie angeschaut hat, überblicken. Ich frage dann: „Du konntest vorher die Menschen nicht verstehen. Hast du jetzt Verständnis für das Menschsein gewonnen?"

„Der Mensch lernt so langsam; diese Entwicklung dauert ganz lange. Und die Engel werden gleich menschlich. Die ganzen Instinkte und die Sorgen um den Hunger sind in ihnen nicht vorhanden. Sie haben keine Existenzängste. Hm ...

Auch den Wunsch, die Welt zu gestalten, den haben die Engel nicht, jedenfalls anfangs nicht. Sie würden alles eher so lassen, weil sie es nicht anders kennen. Später, wenn sie schon durch das menschliche Dasein gegangen sind, dann ja. Aber das ist auch nicht ihre Aufgabe.

Die Engel kommen, um zu helfen. Das ist eine ganz andere Aufgabe, ja, es ist schon ein ganz schöner Unterschied, und sie brauchen nicht soviel aufzugeben wie die Menschen. Sie haben nicht so viel Eigenes, nicht so viele Wünsche nach außen, nicht den Wunsch, alles selbst zu machen.

Ja, die Engel müssen wie die Menschen leben, mit einer Eigenständigkeit, und diese Züge ... das ist schwer für sie, so zu leben. Den Stolz und den Hochmut der Menschen zu verstehen, ist schwer.

Die Menschen können das Naturell der Engelwesen nicht verstehen, eigentlich gar nicht. Erst spät. Nein, nein, es ist kein Wunder, dass es ihnen so dumm und leichtgläubig erscheint, was Engelwesen tun!

Und ich muss auch erkennen, dass es hier anders ist und dass man hier schafft und etwas gestaltet, weil nicht alles gleich dort ist. Von den Menschenseelen gibt es mehr, viel mehr. Vielleicht dreimal so viel. Obwohl es auch sehr viele Engelseelen gibt, aber es gibt trotzdem viel mehr Menschen."

Nach einer längeren Pause frage ich sie: „Schau, ob du den Zustand der Menschheit in der Gegenwart sehen kannst."

„Ja, Licht und Dunkel sind dabei, sich zu trennen und sich immer mehr zu sammeln. Jedes sammelt sich zu seinem eigenen Teil, das Dunkle zum Dunklen und das Helle zum Hellen. Der göttliche Einfluss wird wieder stärker und kommt als eine Einstrahlung.

Dadurch geschieht es auch, dass sich das Lichte und Dunkle in sich stärker sammeln. Es soll zu einer Spaltung, zu einer Trennung kommen. So dass das Dunkle von der Erde fort und woanders hingeht. Aber es verschwindet nicht so ohne weiteres, sondern wird einfach abgespalten werden, damit die Entwicklung fortschreiten kann und das Dunkle sich woanders weiterentwickelt oder aufhellt.

Aber dieses Nebeneinander soll nicht mehr auf der Erde sein. Die Erde muss heller werden. Das Dunkle wird vertrieben durch das Licht. Die Erde wird heller und bleibt erst einmal in einer mittleren Helligkeit. Das ist eine neue Phase, die die Erde als Wesen durchläuft. Das ist einfach der Plan."

Hier endet die achtzehnte Sitzung. In dieser Sitzung durchlebt Gerika verschiedene Seinszustände, indem sie ihr Bewusstsein in andere Wesen hineinversetzt. Dies ist mit einiger Übung ohne weiteres möglich, da Bewusstsein außerhalb von Raum und Zeit existiert und sich überall frei bewegen kann.

Natürlich ist das wissentlich und willentlich nur einem Menschen möglich, der sich nicht an die materielle Existenz des Körpers gebunden fühlt. Wer das materielle Sein über das geistig-seelische Bewusstsein stellt, kann das Erlebnis von überzeitlichen Erfahrungen höchstens im Traum oder in Schocksituationen haben. Selbst dann mag er seine Eindrücke als Trugbilder abtun.

Menschen, die ihr Bewusstsein in die engen Grenzen ihres Denkvermögens verweisen, sind selten in der Lage, kosmische Bedingungen zu verstehen. Mit dem rationalen Verstand ist das Geheimnis des Seins wohl nicht zu enträtseln. Erkenntnis ist ein Ergebnis richtigen Sehens, aber eines Sehens mit dem inneren Auge des über Raum und Zeit sich ausdehnenden Bewusstseins.

Neunzehnte Sitzung

In der neunzehnten Sitzung beginnen wir wieder beim Erdenzustand der Gegenwart. Ich schicke Gerika gleich nach der Entspannung auf die Erkenntnisebene, und sie schaut von dort aus, wie die Erde ihr im Augenblick erscheint.

„Ich sehe eine Kugel und etwas Helles und Dunkles auf der Kugel. Das Helle und das Dunkle sind in Bewegung. Jetzt ist es so, als ob drei oder vier Engel kommen und sich inkarnieren. Aber auf der Kugel ist immer noch diese Bewegung. Das Helle wird stärker, und das Dunkle wird stärker."

Ich sage: „Bleibe auf dieser Ebene und hole das Bild näher an dich heran. Was geschieht auf der Erde genau?"

**„Eben gab es etwas wie Explosionen oder so. Ich weiß nicht, ob es ein Vulkanausbruch ist oder eine andere Explosion. Es passiert etwas mit den Meeren. Ja, das Meer dehnt sich aus ... es überflutet das Land. Aber zuerst waren da diese Explosionen, und dann kommt das Meer. Dann erscheint es so, als ob die Erde mit ihren tieferen Schichten sehr in Bewegung ist. Hmm ... Eben war ganz viel Wasser auf der Erde, und das verschwindet wieder, und dann kommt eine neue Erdoberfläche hervor. Es sieht aus, als ob es kaum noch Menschen gibt, die so fest sind. Die Erde verändert sich, aber ich weiß nicht genau wie. Und dann sinken wieder Lebewesen herab und betreten den Boden neu. Es kommt einfach zu Katastrophen.
Ich möchte sehen, was vorher ist, bevor das Wasser kommt. Ich will wissen, ob die Katastrophen Naturerscheinungen oder Kriege sind."**

Ich sage: „Schau auf den Bereich von Europa. Wie ist dort der augenblickliche Zustand?"

„Es sieht ziemlich finster aus. Ähh! Zum Süden wird es etwas heller. Italien ist etwas lichter. Es ist nicht viel zu erkennen. Es gibt kleine Punkte, Lichtpunkte. Ich kann es noch nicht klar sehen.

Eben waren dort Lichtgestalten, die kommen und gucken. Sie suchen Verbindungen mit den Punkten, um dort einzuströmen und zu wirken.

Es ist, als ob es auch in Europa zu Explosionen kommt, als ob auch oberhalb von Italien Ausbrüche sind. Und wenn etwas passiert, dann erzeugt es Angst und Schrecken. Das Dunkle wird dann noch größer. Es kommt zu Verwirrung und Angst ...

Im Moment sehe ich es so, dass es Naturkatastrophen gibt, die die Menschen erschrecken. Sie haben Angst und möchten zu ihren Waffen greifen, damit sie sich nicht ausgeliefert fühlen. Sie möchten alles wieder in die Hand nehmen und kontrollieren.

Sie können diese gewaltigen Veränderungen nicht akzeptieren, und dann kommt es zu Feindschaften und Machkämpfen, weil viele auf dieser Ebene bleiben und nicht tiefer fragen, was sie für einen Sinn haben. Es geht ihnen um das Überleben, und so vernichten sich viele dunkle Kräfte materiell gegenseitig durch Krieg.

Das materielle Leben wird schlechter, die Nahrung wird schlechter und knapper. Materiell gesehen kommt es zu Not, auch das ist eine Entscheidung, und wer darin zu sehr verhaftet ist, möchte diese Ebene retten. Die Angst und Sorgen werden stärker. Man möchte genug Nahrung haben und läuft dieser hinterher. Hm ... das Materielle wird zerstört, ganz einfach. Das, wovon der Mensch denkt, er könne es unter Kontrolle haben, das wird zerstört.

Es ist wie eine Hilfe, sich zu besinnen, um dann höher zu steigen. Das, woran die Verhaftung zu groß ist, das fällt weg. Es gibt nicht genug zu essen, ja. Die einen werden sich Sorgen um die Nahrung machen und ihr hinterher rennen, und es kommt zu Kampf und Missgunst. Jeder denkt an sich selbst und an seine Nahrung.

Eine andere Gruppe von Menschen geht einen anderen Weg. Sie machen sich unabhängiger von der Nahrung und können das auch. In der Weise, wie ihre Verbindung wächst und ihr Glaube zunimmt, brauchen sie weniger. Sie brauchen nur noch zu trinken. Es ist eine Umstellung des Körpers durch die stärkere Verbindung zum Geist. Das hängt aber vom Vertrauen ab.

Dann wird es noch ziemlich dunkel. Die Dunklen breiten sich aus mit Unwissenheit und Verblendung. Die Menschen versuchen mit aller Anstrengung ... Die Erdoberfläche ist etwas verändert. Es gibt Sümpfe. Das Klima wird anders.

Aber zuerst breiten sich die anderen Menschen aus und versuchen mit aller Anstrengung, eine Ordnung herzustellen, um die Natur wieder in den Griff zu bekommen. Die Gruppe bewussterer Menschen zieht sich erst einmal zurück.

Ja, die Menschen bäumen sich noch einmal ganz auf und wollen wieder etwas herstellen, wollen die Sache wieder in die Hand bekommen. Sie wollen noch einmal wieder alles aufbauen, wollen aus dem Vergangenen lernen und dem, was sie meinen zu wissen. Sie sind abgeschnitten vom Licht, haben sich selbst davon abgeschnitten, sind noch völlig blind. Eben war es so, als ob es in zehn Jahren ist."

Ich frage sie: „Wo bist du dabei?"

„Ich kann, glaube ich, nicht sehen, wie ich sterbe. Danach werde ich von oben den Menschen helfen, die das Licht suchen. Den Menschen, die keine Nahrung mehr brauchen, werde ich helfen. Es ist so, als ob ich erst einmal nicht mehr als Mensch auf die Erde komme, nicht so bald jedenfalls.

... Es wirbelt mich herum – ich fühle mich, als ob ich gedreht werde ...

Ein leichtes Bedauern ist da doch. Jetzt fühle ich mich dem Leben auf der Erde doch sehr verbunden. Aber ich weiß, dass es leichter ist, von oben zu helfen. Dann weiß ich, was ich zu tun habe!
Ja, wir Engel werden uns mit den Menschen verständigen, und das ist neu. Ich hatte bis jetzt eher mit den Menschen zu tun, die gestorben waren und hinaufkamen, und nicht mit denen, die noch in ihren Körpern lebten. Ich kann jetzt tiefer zu ihnen hinunter, die Verbindung zu ihnen ist stärker. Das ist schön!"

Ich frage: „Was bleibt von dir zurück? Gibt es dort Spuren auf der Erde von dir?"

„Ich habe einigen Menschen etwas nahegebracht und gesagt, was kommen wird. Menschen, denen es dann helfen wird, wenn es wirklich da ist, und die dann mehr erkennen werden. Denen, die es aufnehmen und nicht wissen, stimmt es, oder stimmt es nicht, was ich sage. Wenn es soweit ist, wissen sie es und erinnern sich an mich." (Sie weint sehr.)
„Das macht mich traurig. Nicht sehr, aber es ist einfach so, weil es Menschen sind, die ich gern mag, und ich muss es ihnen noch erzählen. Die Protokolle gehören mit zu der Aufgabe, Menschen etwas zu erzählen, auch wenn sie es nicht glauben. Das ist gut, es zu wissen!
Puh! Es sind jetzt die Gefühle der anderen, die mir wehtun, ihre Verzweiflung." (Sie weint sehr.) „Ja, ihre Verzweiflung und ihr Schmerz. Es ist ganz komisch, es ist, als ob ich wirklich die Schmerzen der anderen spüre, die Trauer, die Angst vor Verlust und Verzweiflung. Es ist jetzt nicht mehr mein eigener Schmerz."

Ich sage leise: „Du bist ja auch gedreht worden."

„Wieso? Das verstehe ich nicht."

Ich sage: „Du verstehst das doch. Besinne dich!" Sie weint.

„Es ist wie ein Aufschließen, dass ich jetzt >Ja< sagen kann. Vorher war es noch so wie: >Nein, ich will nicht, ich will den anderen Menschen nicht helfen!< Und jetzt fängt es an, sich umzudrehen. Ich muss es einigen sagen, ich muss es einfach den Leuten, denen ich begegne, erzählen. Dann können sie sich später daran erinnern.

Jetzt kommt wieder die Situation, als ich die Leute nur angesehen habe und nichts gesagt habe, damals nach der Kreuzigung. Jetzt ist es vorher, und sie können es prüfen. Sie bekommen die Möglichkeit, es zu prüfen, was ich sage, ja, es ist gut, das zu sehen.

Sie haben sich damals beschwert, dass die Gelegenheit vorbei war und dass sie zu spät wach geworden sind. Und jetzt ist es vorher. Sie brauchen mir nicht zu glauben, das ist gar nicht wichtig. Sie können es selbst erfahren, ja." (Sie weint und faltet die Hände.)

„Ich weiß jetzt gar nicht, warum ich die Hände falte. Ich kann später auch mit denen in Kontakt kommen. Sie können mich rufen, wenn sie verzweifelt sind. Wenn sie verzweifelt sind und Kraft brauchen, dann komme ich von der anderen Ebene mit einer Schwester." (Sie weint lachend.)

„Ich komme mit Rena – denke ich gerade – und wir schaffen einen Kanal, geben ihnen Kraft und tragen dazu bei, dass ihr Leid vermindert wird. Wenn sie uns nur rufen, das müssen sie.

Sie müssen sich vorher prüfen, können sich dann wieder erinnern und mit ihren eigenen Augen prüfen, was passiert. Sie müssen sich entscheiden und den Schritt machen, und dann kommt die Hilfe. Das ist immer so. Ja!

Es ist, als ob da eine Gruppe von Menschen ist, zu denen ich speziellen Kontakt haben werde, solange sie noch auf der Erde sind. Ich betreue sie, solange sie dort sind, und wenn sie sterben, kommt jemand anderes und nimmt sie in Empfang. Dann komme ich, nehme sie in Empfang und schaffe so wieder den Übergang und führe sie an verschiedene Plätze. Das ist meine Aufgabe, und das ist sehr schön!

Ich kann ihnen Mut geben, ihnen Angst nehmen, und ich muss es auch Leuten erzählen, die es zuerst nicht hören wollen. Ich muss es auch Leuten erzählen, die sich wundern und es nicht glauben. Ich muss da ganz stark sein, weil es diese Möglichkeit ist, dass sie sich hinterher daran erinnern können. Es kommt. Es kommt. Es ist wie ein Wachrütteln und Aufwecken.

Die Veränderung steht kurz bevor, zwei, drei Jahre, ja, die materielle Not kommt. Es ist noch so, als ob die Reihenfolge nicht ganz klar ist. Erst scheint die materielle Not zu kommen und dann die Explosionen und dann der Krieg und dann das Wasser. Ja, auf der Erde wird es anders und feinstofflicher werden, und das Dunkle wird vertrieben von der Erde. Es ist ganz weg. Die Menschen lernen andere Dinge. Das ist sehr schön!"

Gerika ist nach dieser Stunde sehr bewegt. Das Weltdrama, das sich ihr offenbart hat, hat sie sehr erschüttert. Ich teile ihre Gefühle, obwohl ich ähnliche Schauungen aus anderen Sitzungen kenne.

Es scheint, als ob sich tatsächlich eine Weltenwende vorbereitet, die kurz bevorsteht. Jeder meiner Schüler, der eine Zukunftsvision erlebte, schilderte einen Zusammenbruch unserer Kultur innerhalb der nächsten zehn Jahre. Man muss sich aber immer wieder klarmachen, dass Zeitangaben in Visionen ungenau sind, da in dieser Ebene unsere Zeitrechnung nicht gültig ist.

Die Umstände der Krisenvorgänge werden immer ähnlich beschrieben, jedoch spricht jeder aus seinem Erlebniszusammenhang, so dass dadurch jeweils ein anderer Blickpunkt der Ereignisse auftaucht.

Gerikas Vision trägt Hoffnung auf ein neues, besseres Zeitalter in sich, das entstehen wird, wenn wir das Notwendige zu lernen bereit sind: Uns von der Bindung an irdische Güter und Werte zu lösen und uns dem Geistigen zuzuwenden.

Wir sollten die geistige Welt als Wirklichkeit anerkennen und die uns angebotene Hilfe von dort erbitten und annehmen.

Zwanzigste Sitzung

Ich schließe jetzt die Schilderung der zwanzigsten Sitzung an, in der wir auf das Bild vom ersten Tag zurüc kkommen. Ich frage Gerika nach der Entspannung: „Schau auf die Pflanze, die du am ersten Tag gesehen hast. Was fällt dir jetzt dazu ein?"

„Ich sehe die weiße Blüte, die kleine mit den vier Blättern. Die grünen Seitentriebe, die sich herum geschlungen hatten, die sind jetzt weg. Sie hat jetzt einen Stiel. Die Pflanze ist höher vom Boden entfernt, und die Mauern sind nicht mehr da. Es ist noch zu sehen, wo sie gewesen sind, und es scheint so, als ob die Energie der Mauern noch da ist. Aber die Wurzeln sind immer noch ganz zart und nicht richtig tief verankert. Es ist aber auch fast so, als ob das nicht so nötig ist."

Ich frage sie: „Was bedeutet das?"

„Es braucht nicht die feste Verankerung in der Erde, im Materiellen, die Pflanze lebt aus der Blüte, und sie braucht nicht solche tiefe Wurzeln für die kurze Zeit, die sie hier ist.

Hm. Das Gefängnis ist fort, es war das eigene Gefängnis, das eigene, selbst gebaute Gefängnis. Ich wollte nichts zu tun haben mit den anderen. Es ist noch ein

Rest da, die Energie der Mauern ist noch feinstofflich vorhanden und müsste ganz verwandelt werden.

Ich war steckengeblieben in dem Schmerz und war ganz tief in die Ablehnung gesunken, daher konnte ich nicht weiter wachsen, wirklich wachsen. Ja, das muss sich noch bewahrheiten, dass ich weiter wachsen will, und dann geht es auch weiter ...

Ich brauche die Wurzeln nicht so wie andere Leute. Oder doch? Das weiß ich jetzt nicht. Ja ... Es kann jetzt alles besser hindurch fließen. Von oben kommt etwas durch mich hindurch, geht von mir weg und kommt wie ein Kreis wieder zurück.

Ja, es ist zuerst einmal wichtig, in diesem Fluss zu bleiben, der unterbrochen war. Und dann geschieht alles weitere, so wie Atemübungen auf der Stelle, bevor ich mich wieder bewegen kann.

Die Blüte strahlt, und es kommen andere Blumen. Sie kommen, gucken die Blüte an und fragen. Ich brauche nicht viel und habe doch viel zu tun. Einfach da sein und in dem Fluss bleiben. Das ist irgendwie haarscharf, in diesem Fluss zu sein und wieder austreten. Es ist nicht einfach, darin zu bleiben, das ist nicht einfach ... Es sind jetzt nur die kleinen Dinge wichtig, von Tag zu Tag. Es ist jetzt alles klar mit der Pflanze."

Uns scheint damit ihr Pflanzensymbol ausreichend geklärt zu sein. Damit endet der Wegabschnitt, auf dem ich Gerika begleiten durfte. Sie strahlt tiefe Ruhe und Geklärtheit aus. Der trübe Blicke ihrer Augen ist einem Strahlen gewichen. Wir beide sind dankbar für diese tiefen Erkenntnisse und die Liebe, die uns nach dieser Zeit verbindet.

„Ich danke dir für deine Führung durch diese Wochen."

"Und ich danke dir, Gerika, für deine Offenheit!"
Wir haben ein Geschenk erhalten, das wir jetzt weitergeben können.

II. Teil

Spirituelle Psychologie

Der Mensch ist ein Träumer.

Er träumt, dass er ein separates Ich ist
und die Welt um ihn herum unabhängig von ihm exi stiert.

Eine Initiation erweckt den Träumer.

Sie zeigt ihm, wer er wirklich ist
und was seine Aufgabe in der Welt ist.

Initiation in ein kosmisches Bewusstsein

Im Frühjahr 1988 sprach ich auf einer Tagung der Evange-
lischen Akademie Nordelbien über meine Arbeit mit Reinkarnations-Rückführungen. Die zweitägige Veranstaltung
sollte Theologen und Laien darüber informieren, was die
New-Age-Bewegung ist und welche Ideen und Ziele von
ihr vertreten werden. Es wurde unter anderem über das
kosmische Bewusstsein und über die Bedeutung des Mythos für die Menschheit gesprochen.

Zum Abschluss der Tagung äußerte sich ein Theologe
etwa wie folgt:
"Ich erkenne heute, dass wir als Pastoren und Vertreter
einer der großen christlichen Kirchen versäumt haben, den
Menschen für den Mythos des Glaubens zu öffnen. Wir
haben vergessen, dass es einer wirklichen Initiation bedarf, um den Menschen für die Begegnung mit Gott reif zu
machen. Aber ich erkenne auch mit Erschütterung, dass
wir gar nicht fähig sind, Menschen zu initiieren, denn wir
Theologen haben die Initiation selbst nicht erfahren."

Man versteht unter **sozialer Initiation** eine Einführung
oder Einweihung in einen neuen Sozialstand. Durch Initiation wechselt ein Mensch seine Zugehörigkeit zu einer
Bezugsgruppe und erhält eine neue Aufgabe und Rolle in
der menschlichen Gemeinschaft.

Eine **spirituelle Initiation** bringt den Menschen in einen
direkten Kontakt zur außersinnlichen Welt. Er tritt in bewusste Beziehung zu seinem Gott und übernimmt die
damit verbundenen Pflichten und Rechte. Er wird rückver-
bunden (lat. Religio) mit der göttlichen Instanz, die er als
über sich stehend anerkennt. Ein Eingeweihter unterstellt
sich einer höheren Macht und nimmt deren Lebensord-
nung verbindlich an.

Wenn wir einen Blick in die großen christlichen Kirchen werfen, dann werden wir dort kaum Eingeweihte finden, die höhere Stufen religiöser Initiation erfahren haben. Vielleicht entdecken wir einzelne in abgelegenen Gegenden oder hinter Klostermauern, sofern wir fähig sind, sie als solche zu erkennen. Tatsächlich wirken die Rituale der Taufe, Kommunion und Konfirmation nur äußerst selten initiatorisch; denn die meisten Menschen unterwerfen sich ihnen halbherzig und unbewusst. So ist dann auch die Ausführung der Rituale kraft- und wirkungslos.

Die New-Age-Bewegung wird von Menschen getragen, die in sich ein tiefes Bedürfnis nach Begegnung mit der geistigen Wirklichkeit spüren. Unabhängig voneinander folgen sie einem inneren Drang nach Offenbarung des Übersinnlichen. Sie suchen Berührung mit dem, was die materielle Welt im Innersten bewegt und bestimmt. Und sie glauben daran, dass Geist der Ursprung jeder materiellen Manifestation ist.

Diesen Geist benennen sie mit verschiedenen Namen: Gott, Allah, Manitou oder Brahman. Was sie alle aber gleichermaßen suchen, sind Antworten auf die Fragen:

Wer bin ich?
Woher komme ich?
Wohin gehe ich?

Die Antworten der Kirchen auf ihre brennenden Fragen und ihre Suche nach Wahrheit sind ihnen zu dogmatisch. Sie entdecken die heilige Kraft der göttlichen Gegenwart eher in der unberührten Natur als in einem nüchternen, modernen Kirchenbau. Und sie ahnen, dass sie **in sich** gehen müssen, um den Heiligen Geist und die Wahrheit zu finden. Deshalb suchen sie Gott nicht in den offiziellen Kirchen, sondern in ihrem eigenen Inneren.

So verschieden diese Menschen in Hautfarbe und Nationalität sind, so haben sie doch eines gemeinsam: Sie sind überzeugt, dass sie in sich selbst die Antworten auf alle ihre Fragen tragen. Sie spüren, dass sie direkten Kontakt von ihrem Bewusstsein zum Bewusstsein Gottes herstellen und durch Ihn selbst jede Hilfe und Unterweisung erfahren können. Deshalb machen sie sich auf den Weg nach Innen und entdecken die wunderbare Wirklichkeit des Geistes.

Ich selbst fühle mich diesen Menschen sehr verwandt, denn auch mich führte ein intuitives Ahnen auf den Weg zum Inneren Wissen. Im Jahr 1971 erfuhr ich eine Einweihung in die Meditationsmethode, die als Kriya Yoga bekannt ist. Nach einigen Jahren mehr oder weniger konsequenter Meditationspraxis tauchten Szenen aus anderen Zeiten in mir auf, in denen ich mich leben, lieben und leiden sah. Dies geschah, ohne dass ich mich näher mit dem Gedanken an Reinkarnation befasst hatte. Offensichtlich hatten die Meditationsübungen ein Tor in mir geöffnet, durch das ich in andere Zeitdimensionen gleiten konnte.

Etwa drei Jahre lang stiegen immer wieder neue Bilder in mir auf, so dass ich heute auf ein großes Spektrum von Erfahrungen zurückblicke, die ich in Vorleben gewonnen habe. Ich gebe zu, dass ich zunächst geneigt war, diese Szenen als pure Phantasie abzuwerten. Aber es klärten sich aufgrund der Erinnerungen so unabweisbar viele damalige Fragen und Probleme, dass ich mich endlich überzeugen ließ. Daraus folgte ebenso zwingend der Entschluss, meine Erfahrungen in meinen Beruf als Psychologin zu integrieren.

Grundlagen spiritueller Psychologie

Die historischen Wurzeln spiritueller Philosophie und Psychologie sind schwer ausfindig zu machen. Sie liegen in den Mysterien der alten Kulturen verborgen.

Platon (427-347 v.Chr.) gilt als ein Eingeweihter in die ägyptischen Mysterien. In seine Philosophie dürfte ein universelles Wissen eingeflossen sein, das nur in Symbolen verschlüsselt weitergegeben wurde. Dadurch entzog es sich dem Zugriff von Neugierigen, die das Wissen erlangen wollten, ohne sich in den Dienst göttlicher Gesetze zu stellen.

Die **Symbol-Sprache** der Wissenden lässt sich nicht durch bloße Übersetzung ihrer Zeichen in Begriffe enträtseln. Sie folgt den Regeln der inneren **Bilderwelt**, das heißt, sie ist ein direkter Ausdruck von Bewusstseinsprozessen der Seele und des Geistes.

Seele: = ICH-Bewusstsein; abgegrenzte, gefühlsfähige Individualität; sie entstammt dem universellen göttlichen Geist;

Geist: = ICH BIN-Bewusstsein; die ursprüngliche spirituelle Beschaffenheit der Individualität.

Platon lehrte, dass die Seele Erkenntnisfähigkeiten besitzt. Durch **Innere Schau** kann sie Wahrheit über sich selbst, die Welt und kosmische Zusammenhänge finden. Dies ist die eigentliche Grundannahme der spirituellen Erkenntnislehre.

Das individuelle Bewusstsein des Menschen – die Seele – kann in innere, geistige und seelische Welten hinein sehen und – da sie ursprünglich göttlicher Natur ist – alles über diesseitige und jenseitige Gegebenheiten erfahren. Sie hat Anteil an der göttlichen Allwissenheit, wenn sie sich ihrer göttlichen Natur erinnert und die dieser Natur innewohnenden Fähigkeiten entwickelt.

Diese Grundeinstellung findet man in allen spirituellen Schulen (in asiatischer Meditationspraxis, im Westen bei den christliche Mystikern, Rosenkreuzern, Theosophen, Anthroposophen). Sie führen von der Aufforderung: Erkenne dich selbst! zu einer lebendigen Erfahrung und Begegnung mit dem Göttlichen im Menschen.

Der Weg zu sich selbst hat nichts mit egozentrischer Nabelschau zu tun. Im Gegenteil: Selbsterkenntnis in diesem Sinne schafft die Voraussetzungen für ein tiefes Verständnis des Menschseins und seiner sozialen und kosmischen Verpflichtungen. Sie ist der Beginn einer humanitären Lebenshaltung, die das wahre Wesen des Menschen berücksichtigt und zur Entfaltung bringt. Innerlich geklärte und reife Persönlichkeiten fördern die Entwicklung der gesamten Menschheit auf indirekte Weise, indem sie einen gangbaren Weg durch das Labyrinth menschlicher Irrwege aufzeigen und ihre Erkenntnisse an ihre Mitmenschen weitergeben.

Die spirituelle Erkenntnislehre betrachtet alles Lebendige als eine nach göttlichen Gesetzen geordnete **Einheit**. Jede Erscheinungsform des Lebens: Mineral – Pflanze – Tier – Mensch, wird als äußere Daseinsweise des **einen Lebens** angesehen. Das **eine Leben** ist **ein Bewusstsein**, das in allem wirkt.

Einer in Allem – Alles in Einem

Die äußere Abgrenzung in Dinge und Individualität ist täuschende Vorstellung – Illusion oder Maya -, die die Wahrheit der Einheit allen Lebens verschleiert.

Spirituelle Bewusstseinsarbeit weist den Weg zur Erkenntnis der Einheit allen Seins. Erkenntnis ist daher mehr als gedankliches Verstehen. Sie durchdringt den Menschen in seinem ganzen Wesen und ergreift ihn mit einer unbedingten Gewissheit. Eine solche Erkenntnis ist zweifel-los!

Das **Ziel spiritueller Erkenntnisarbeit** ist also:

**Erkenne dich selbst –
erkenne dich in allem, was ist –
erkenne das Göttliche in dir!**

Allverbundenheit kann nicht mit Worten gelehrt werden. Spirituelle Einsicht muss in einem persönlichen Erkenntnisprozess gewonnen werden. Aus dem Bedürfnis der Individualisierung und der Unabhängigkeit vom göttlichen Willen entwickelte sich Widerstand gegen den oder das Andere, das **Nicht-Ich**. Die im Wesenhaften verankerte göttliche Liebe wandelte sich in Feindseligkeit. Aus dem inneren Widerstand gegen die Einheit entstand ein Bruch zwischen der spirituellen Geistwelt und der gegenständlichen Materie-Welt.

Es ist Aufgabe der spirituellen Psychologie, Bewusstseinsprozesse einzuleiten, die diese Spaltung durch **Initiation** überwinden helfen.
Früher wurde diese Aufgabe von den Lehrern und Priestern in den Mysterien-Schulen erfüllt. Heute nimmt ein spiritueller Psychologe diese Lehrer-Priester-Funktion wahr. Sie erfordert von ihm, dass er die Erkenntnisprozesse aus eigener Erfahrung kennt und bis zu einer gewissen Klarheit abgeschlossen hat.
Die Vorbereitung dazu kann nicht auf Universitäten getroffen werden, da dort eine konträre Arbeitsweise gelehrt wird: Man beobachtet äußerliches Verhalten und Situationen, um Rückschlüsse auf innere Prozesse zu treffen. Der spirituelle Psychologe arbeitet meditativ, nicht analytisch. Er sucht nach einer synthetischen Sicht im Sinne der Ganzheit menschlicher Erfahrung. Zu diesem Zweck muss er die Erkenntnisfähigkeit seines Bewusstseins schulen, um durch Innenschau die komplexen Strukturen eines Schülers in ihrem Zusammenwirken zu erfassen.
Spirituelle Erkenntnisarbeit ist eine Berg- und Talwanderung durch unbekanntes Terrain. Ein Abenteuer, das dem

Erobern eines neuen Erdteils gleicht. Der Psychologe ist innerer Führer und Wegbegleiter, ähnlich wie ein Führer durch das Himalaya-Gebirge. Er muss die Gefahren erkennen, die in den Reizen und Verlockungen der inneren Welten liegen und sicher durch sie hindurch geleiten, damit sich der Schüler nicht verirrt oder Schaden erleidet.

Es ist wichtig, dass der Führer seine Aufgabe weitgehend selbstlos erfüllt. Das heißt nicht ohne Ausgleich in Form von Honorar oder Dienstleistung sondern ohne seine persönlichen Gefühle, seine Neugier oder sonstige Begierden durch den Schüler zu befriedigen. Er sollte seine Motive geklärt haben und vorurteilsfrei dem begegnen können, was er in der Seele des Schülers antrifft. Er muss außerdem ausreichende Distanz zum Erleben des Schülers finden, um erkennen zu können, welche Erfahrungen dieser benötigt, um zu reifen.

Die Begleitung eines anderen durch seine innere Welt ist ein Dienst, der die Vervollkommnung des Menschen zum Ziel hat. Im Idealfall führt er zur Erkenntnis der eigenen Bestimmung und setzt die dem Menschen eingeborenen schöpferischen Kräfte frei.

Es geht für den Erkenntnis-Schüler um die Beantwortung folgender Fragen:

Wer und wie bin ich?
Woher bin ich gekommen?
Wohin führt mich meine Bestimmung?
Was ist meine Lebensaufgabe und mein Sinn?
Wie sollte ich leben, um sie zu erfüllen?

Der Schüler ist also der Suchende, der sich aufmacht, um sein wahres Wesen zu entdecken. Er muss sich von seinen Illusionen über sich selbst und von seiner falschen Weltsicht befreien, sein Lebensziel erkennen und sein Wollen und Handeln darauf ausrichten.

Die spirituelle Psychologie gibt kein Ziel vor und befindet auch nicht darüber, wie ein Mensch leben sollte und wonach er streben muss. Sie nimmt zwar an, dass jeder

Mensch aus der Einheit kommt und zu ihr zurückfinden kann, jedoch lässt sie daneben jede andere Sinn- und Zielbestimmung zu. Sie bewertet keine Einstellung oder Religion als richtiger, sondern verweist auf den Ursprung, in dem alles **Eins** ist.

Dieses ursprüngliche **Eine** ist göttlich, da es selbst ohne Ursache ist. Seine Eigenschaften brauchen nicht bestimmt zu werden, da es alles Existierende in sich einschließt. Es ist also allumfassend göttlich. Nennen wir es ruhig **Gott** – welche Vorstellung oder Erfahrung jemand mit diesem göttlichen Wesen verbindet, ist seine eigene Angelegenheit.

Die innere Freiheit eines Erkenntnis-Schülers wird nicht angetastet, sondern er wird angeleitet,

sich zu sich selbst zu befreien.

Er findet selbständig eine Ordnung in seinem Inneren und entscheidet sich irgendwann dazu, sich dieser eingeborenen Ordnung zu fügen. Dann richtet er sein Denken, Fühlen und Handeln nach den inneren Gesetzen aus.

Er wird in diesem Sinne **eins** mit sich selbst – damit aber erfüllt er seine Bestimmung. Die Art und Weise, wie er das konkret im alltäglichen Leben tut, wird ihm überlassen. Er hat eine große Wahlfreiheit, denn er kann lernen, seine schöpferischen Kräfte einzusetzen, um sein Leben seinen Erkenntnissen entsprechend zu gestalten.

In Einheit mit sich selbst findet ein Mensch ganz selbstverständlich den inneren und äußeren Kontakt zum andern, denn alle Wesen sind in ihrem Wesenskern eines Ursprungs. Diese Verwandtschaft wird gefühlt und erweckt eine allumfassende Liebe zu allem Lebendigen. Es ist eine Liebe, die nicht fordert und sehnt, sondern die aus der Kraft eines erfüllten Herzens ausströmt und belebende Impulse zu anderen sendet.

Gleichzeitig werden heilende Lebenskräfte im Menschen freigesetzt. Ein Mensch, der eins mit sich selbst ist, wirkt

stärkend und heilsam auf seine Umgebung. Die ihm ent-
fließende Kraft kommt aus dem Bewusstsein der **Einheit**
mit **Gott**. Das **Einheitsbewusstsein** entspringt dem Wesenszentrum, das man organisch der linken Herzkammer
(auch Herzchakra) zuordnet. In ihm verbinden sich Himmel
und Erde – Geist und Leib – Gott und Mensch zu **einer**
Identität. Wir kennen dies aus der Erklärung des Jesus
Christus:

Ich und mein Vater sind Eins.

Das Einheitsbewusstsein ist die verbindende Liebeskraft,
die Christus in unsere Welt getragen hat. Ihm nachfolgen
heißt also: dieses **Christusbewusstsein** im eigenen Herzen wachzurufen.

Das ist möglich ohne Unterordnung unter konfessionelle
Dogmen. Allein die Unterordnung unter das **innere Gesetz**
erweckt diese Liebeskraft, die sich ihre Erfüllung in konkreten äußeren Taten sucht.

Die spirituelle Psychologie orientiert sich also nicht aus-
schließlich an der platonischen Philosophie, sondern integriert alle Philosophien und Glaubenslehren, die den Inneren Weg weisen. Sie regt Glaubenserfahrungen „an sich"
an, ohne ihren Inhalt in Lehrsätzen zu bestimmen. Sie
bestärkt die Selbsterkenntnis und leitet zur Lösung von
Gewissenskonflikten an. Durch die Betrachtung geistiger
Gesetzmäßigkeiten und Symbolbilder führt sie zu selb-
ständiger innerer Gewissheit.

Äußere Lehrsätze und Dogmen können daneben unter-
sucht werden, indem sie Impulse für kontemplative Be-
trachtungen werden. Aber sie werden nicht als fertig vor-
gedachte Regeln in das Bewusstsein des Schülers integriert. Das ist auch unnötig; denn da die spirituelle Weltsicht
den Menschen als **eins** mit dem göttlichen Wesen versteht, weiß er eigentlich alles! Er hat nur zu lernen, sich
mit diesem Wesenszentrum zu verbinden und sich der
dem Göttlichen innewohnenden Weisheit zu öffnen.

**Der Mensch lernt, sich an das zu erinnern,
was er im Wesenskern ist und was er weiß.**

Es gibt somit nichts, was gelehrt werden müsste. Wenn der spirituelle Kanal zum universellen inneren Wesen geöffnet ist, kann sich der Mensch seine Fragen selbst beantworten. Man nennt dies Lesen in der **Weltallchronik** (Akasha-Chronik).

Die **Weltallchronik** ist eine geistige Realität, eine Sphäre von Ideenbildern und Abbildungen aller Geschehnisse im Kosmos. Sie ist eine Art immaterielles Speichermedium, vergleichbar mit einer Computer Festplatte, in dem alles Wissen, das je existiert hat und existieren wird, aufbewahrt wird. Aus dieser Quelle fließt das Wissen demjenigen zu, dessen Bewusstsein dafür offen ist. Philosophen, Seher und Propheten schöpfen aus der Akasha-Chronik, aber auch Komponisten, Dichter und Maler. Häufig geschieht es eher unbewusst, wie zufällig, dass intuitive Eingebungen aus dieser Sphäre einem dazu veranlagten Menschen zufließen.

Wer über meditative Innenschau lernt, seine Intuition zu entwickeln und innere Symbolbilder wie eine Sprache direkt zu erfassen, kann den Speicher des kosmischen Wissens jederzeit bewusst anzapfen. Er empfängt das Wissen über ein spirituelles Wahrnehmungszentrum in der Schädeldecke des Kopfes (Lotos- oder Scheitelchakra) oder über das Dritte Auge in seiner Kopfmitte (Ajna-chakra).

Diese intuitiv empfangenen Impulse oder Ideen werden in das Einheitsbewusstsein im Herzen geleitet und dort direkt – das heißt ohne rationale Interpretation – verstanden. Diesen Vorgang nennen wir **Intuition**.

Alle kreativen Menschen sind bereits mehr oder weniger für den Intuitionsstrom geöffnet. Eine spirituelle Schulung entwickelt diese Grundlagen zur Anwendung für Erkenntnisgewinn und schöpferische Lebensgestaltung.

Die intuitiven Eingebungen sind – so paradox es klingt – **immer wahr** und trotzdem oft fehlerhaft. Das liegt daran, dass geistiges Wissen in symbolischen Bildern, Tönen, Farb- und Gefühlseindrücken wahrgenommen wird. Es ist kein begriffliches Wissen!

Die Übersetzung innerer Erfahrungen in Begriffe ist problematisch, denn unsere Begriffsbildung richtet sich auf materiell bereits Vorhandenes. Wir können nur das benennen, was uns bekannt ist, vorwiegend das physisch Erlebte und materiell Nachweisbare.

Die spirituelle Ideensphäre aber umfasst alle immateriellen geistigen Strukturen, die einmal waren, sind und sein werden. Sie ist der Bereich, aus dem Impulse für originär neue Entwicklungen in die materielle Welt fließen. Sie beinhaltet also auch Abbildungen unbekannter Sachverhalte. Für diese fehlen dem Seher oft die Beschreibungsmöglichkeiten. Sein Geist schaut und gewinnt Gewissheit – sein Gehirn kann aber nur erfassen und sprachlich formulieren, was in der äußeren Welt bekannt ist.

Bei Übersetzung von Visionen in rationale Sprache gehen oft wichtige Informationen verloren. Hier liegt das Dilemma für alle visionären Erfahrungen. Sie sind wahr, und doch nicht **so** wahr, wie sie ausgedrückt werden können. Man sollte immer damit rechnen, dass der Mensch nur einen Teil der Wahrheit erfassen und ausdrücken kann.

Wenn Seher und Zuhörer gleichermaßen über die Fähigkeit verfügen, in allegorischen Bildern zu denken, verringern sich die Informationsverluste, deshalb vermittelt eine Erkenntnisschulung immer auch den Umgang mit Symbolen. Der spirituelle Psychologe arbeitet mit Visionen wie mit einer Fremdsprache. Er übersetzt die Symbolbilder jedoch nicht in abstrakte Begriffe; denn

geistige Bilder sind bereits abstrahierte Wirklichkeit.

Das Bild muss in der Seele des Betrachters wirken. Er nimmt das Symbolbild in alle geistig-seelischen Wahrnehmungskanäle auf und lässt die Wirkung auf sein Gemüt geschehen. Aus der inneren Berührung zwischen intuitivem Impuls und seelischer Empfänglichkeit entsteht ein schöpferischer Prozess:

Die **Idee** (das innere Bild) sammelt energetische Kraft und erzeugt Wirkungen im Menschen. Die Wirklichkeit der Idee prägt sich ihm ein und wird durch den Prozess des Wiedererkennens zur Gewissheit. Sie veranlasst den Menschen, entsprechend seiner Erkenntnis zu handeln.

Natürlich ist nicht jeder innere Impuls wahrhaftig intuitiver Natur. Der Seher muss zwischen seinen triebhaften Gefühlstendenzen und überpersönlichen Eingebungen unterscheiden lernen. Hier haben wir wieder ein Paradoxon: **Alle inneren Erscheinungen sind wirklich** – ob sie jedoch in bezug auf eine Fragestellung zutreffend sind, muss in jedem einzelnen Fall überprüft werden. Das ist nicht einfach, wird aber während der spirituellen Schulung erlernt. Es sollte klar sein, dass eine lange, konzentrierte Bemühung um die geistigen Wahrnehmungsfähigkeiten nötig ist.

Die Fähigkeit, über geistige Innenschau zu Erkenntnissen übergeordneter Zusammenhänge zu gelangen, ist eine hoch spezialisierte, qualifizierte Fähigkeit. Sie darf nicht verwechselt werden mit profaner Prophetie oder Wahrsagerei. Sie ist gebunden an eine geistig-seelische Reinigung von unangemessenen Motiven und charakterlichen Schwächen. Denn ein Mensch, dessen Absichten diffus oder egoistisch sind, schafft Resonanz für Wahnbilder.

Nach dem **Affinitätsgesetz** zieht ein Bewusstsein ihm ähnliche geistige Strukturen an. Unklare Gedanken, Feindseligkeit, Enttäuschung, Sehnsucht und ähnliches ziehen entsprechende intuitive Geistesbilder zu sich. Die Eingebungen sind dann verzerrt und irreführend, wenngleich niemals unwahr.

Sie entsprechen in jedem Fall dem Bewusstseinszustand desjenigen, in dem die inneren Bilder auftauchen. In bezug auf seine innere Wirklichkeit ist jede innere Wahrnehmung exakt und wahr. Jedoch ist ein solcher Mensch nicht fähig, überpersönliche Wahrheit zu erkennen.

Das ist die Gefahr medialer Fähigkeiten, die unausgebildet angewendet werden und durch Ängste, Sorgen und illusionäre Erwartungen aktiviert werden. Eingebungen dieser Art provozieren Enttäuschungen und bringen alle geistigen Erkenntnismöglichkeiten ins Zwielicht der Scharlatanerie.

Die Erkenntnis geistiger Wirklichkeit muss genauso sorgfältig erlernt werden wie alle anderen Fähigkeiten. In diesem Bereich ist zusätzlich eine charakterliche Klarheit notwendig, um zutreffende Einsichten gewinnen zu können. Aus diesem Grunde wurde das Innere Wissen als Geheimwissen bewahrt. Denn es stellt eine Gefahr dar für jeden, der sich auf unangemessene Weise damit beschäftigt.

Es erweckt starke Bewusstseinskräfte, die sich auch zerstörerisch auswirken können, wenn die geistigen Regeln und Gesetze nicht beachtet werden. Dann zerrütten sie die Seele des Menschen und treiben ihn in geistige Wahnbilder hinein. Wer die geistig-seelische Reifung vermeiden und die Methoden spiritueller Psychologie aus Neugier, Sensationslust oder Machtinteresse gebrauchen will, wird seine eigene Zerstörung bewirken.

Auch die Kombination von Drogenkonsum (Alkohol, Medikamente, Rauschmittel) und spiritueller Schulung ist eine Fahrkarte in den Wahnsinn. Sie verwirrt das Bewusstsein und führt zur Verdunkelung beziehungsweise zur Entleerung der Seele. Die Erkenntnisse, die daraus gewonnen werden, müssen mit einem Beziehungsverlust zu sich selbst und Gott bezahlt werden.

Spirituelle Psychologie führt also nur dann wirklich zur Entwicklung der höchsten Bewusstseinskräfte des Menschen, wenn die inneren Gesetze genau beachtet werden. Dann aber wächst der Mensch über seine Menschlichkeit hinaus und erfährt die Möglichkeiten, die ihm durch seine göttliche Natur gegeben wurden. Er wird Mitschöpfer und bewusster Gestalter des Schicksals.

Als bewusster Schicksalsgestalter muss jeder Mensch die Verantwortung für seine Vergangenheit, Gegenwart und Zukunft übernehmen. Er muss erkennen, dass sein Denken, Fühlen, Wollen und Handeln Ursachen für zukünftige Entwicklungen setzen. Um die Konsequenzen eigener Haltungen und Entscheidungen zu erkennen, lernt ein Erkenntnis-Schüler, in der Zeit zurückzuschauen.

Dadurch erfährt er aus eigenem Erleben, dass Zeit eine Fiktion ist. Sie existiert nur in der physischen Daseinsweise. Bewusstsein ist in Raum und Zeit frei beweglich und kann ohne Zeitverlust in jeden beliebigen Daseinszustand zurück- oder vorausgehen.

Wer gelernt hat, sein Bewusstsein von der Fixierung an den Körper zu lösen, kann Erlebniszustände aller Zeitdimensionen erfahren. Ob wir diese Zustände als Erfahrungen in eigenen Vorleben verstehen oder als Zeitsprünge des Bewusstseins in Fremderlebnisse hinein, ist eine Interpretationsfrage. Sie wird von jedem Erkenntnis Suchenden selbst beantwortet.

Ich meine, dass man diese Rückerinnerungen als Reinkarnation verstehen sollte, denn erst dadurch wird die komplexe Verantwortlichkeit für das eigene Leben und die persönliche Zukunft verständlich. Wir haben es nämlich dabei mit dem Gesetz des **Karma** (Gesetz von Ursache und Wirkung) zu tun. Danach muss jeder die Konsequenzen eigener Entscheidungen und Handlungen tragen, auch noch nach seinem Lebensende; denn jeder gerät gesetzmäßig in die von ihm selbst bewirkten Situationen hinein.

Wenn wir dieser Auffassung folgen, werden Kriege und Katastrophen verstehbar, wenn auch ihre Schrecken nicht geringer werden. Doch nach diesem Gesetz hat jeder durch eigene innere Einsicht eine Chance, sich zu korrigieren und sein Schicksal zu wenden. Wir sind nicht mehr einem unpersönlichem Grauen ausgeliefert, sondern erkennen uns selbst und unsere Fehleinstellungen in der Widerspiegelung äußerer Ereignisse.

Das Gesetz des Ausgleichs ist neutral und unbestechlich. Es räumt niemanden einen Vorteil ein, aber es benachteiligt auch niemanden. Wir selbst sind in das Gesetz eingebunden und können seine Regeln zur bewussten gesetzmäßigen Lebensführung nutzen. Dann ordnet sich unser Leben, und die Schatten lösen sich auf. Im Lichte eines klaren Bewusstseins und einer freiwilligen Unterordnung unter das Gesetz lernt der Mensch, sich mit Hilfe dieses Gesetzes zu entfalten und alle seine Möglichkeiten ausschöpfen. Er erkennt, dass die Freiwilligkeit eine Grundvoraussetzung ist für alle Geschicke, die uns treffen. Der Wille des Menschen ist grundsätzlich frei – auch frei, sich physisch zu vernichten. Richtig genutzt wird der freie Wille, wenn der Mensch seinen Eigenwillen mit dem göttlichen Willen verbindet und seine individuellen Kräfte in den Dienst göttlicher Gesetze stellt. Dann öffnen sich ihm die Türen für ein Leben aus dem Geist und aus der Wahrheit, und er kann den Auftrag verwirklichen, als Kind Gottes in der Welt zu wirken.

Intuition - Vision - Regression

Seit 1979 unterrichte ich Menschen in spirituell orientierter Psychologie. Ich öffne ihnen das Tor zu ihrem Inneren Wissen durch Intuitions-Training und Regressionen in Kindheit und Vorleben (Rückführungen). Der Schwerpunkt meiner Arbeit besteht heute in der Förderung intuitiver Erkenntnisfähigkeit. Ich verstehe Intuition als eine eigene, den Intellekt ergänzende Intelligenzform. Ich praktiziere also **Intuitions-Psychologie.**

In meine Arbeit fließt Wissen aus allen traditionellen phibsophischen und religiösen Denkweisen ein. Besonders bedeutsam erscheint mir die **Ideenlehre** von Platon, die ich bereits erwähnt habe. Zur Erinnerung : Platon beschreibt eine Ideensphäre, aus der alle Wesen und materiellen Dinge hervorgehen, die sich in der sichtbaren Welt manifestieren. Die Ideensphäre ist der Gedanken- und Wirkungsraum des universellen Weltgeistes, den wir Gott nennen.

Auch der Mensch entstammt diesem Geistesraum, er ist individualisierter universeller Geist, und trägt die Eigenschaften des Heiligen Geistes in sich. Durch die Verwandtschaft mit Gott ist die individuelle Seele göttlicher Natur. Wenn sich der Mensch dieser ihm innewohnenden göttlichen Natur bewusst wird, kann er zurückfinden zu der Sphäre der Ideen, die sein Ursprung ist. Der Weg dorthin führt über die Innere Schau, wie uns Platon lehrte. Auf diesem Wege kann der Mensch alles über sich selbst und über die ko smische Wirklichkeit erfahren.

Der westliche Mensch hat diesen Weg vergessen seit Aristoteles, ein Schüler Platons, sich vom Wissen über die Ideenwelt ablenken lies. Er begründete die systematische Kategorisierung von Begriffen der äußeren Dinge. Unsere Kultur ist Aristoteles gefolgt und hat sich so weit von dem Inneren Wissen entfernt, dass es fast als Frevel gilt, den Inneren Weg zu erwähnen, geschweige denn, ihn zu gehen. Wenn wir jedoch Platon als Philosophen und Weisen ernst nehmen, müssen wir auch zur Kenntnis nehmen, dass er dem Menschen eine unsterbliche Seele zuschreibt, die durch viele Wiederverkörperungen geht, ehe sie die Verbindung zum göttlichen Ursprung wiederfindet. (So lehrt er etwa im "Phaidros".)

Meine eigenen Visionen haben mir die Wirklichkeit der Wiedergeburt vor Augen gestellt, ehe ich Plantons Auffassung kennen lernte. Aber ich fand in meinem Inneren so viele Übereinstimmungen zu seinen Aussagen, dass ich heute davon überzeugt bin: Nach einiger vorbereitender Übung kann der Mensch alle Antworten, die er sucht, auf dem Weg der Inneren Schau in sich selbst finden kann

Reinkarnations-Rückführungen (Regressionen) sind für mich eine wichtige Methode, um eine Person mit ihrem Inneren Wissen in Kontakt zu bringen. Meine Klienten und Schüler sind Frauen und Männer, die ihre geistig-seelischen Eigenschaften und Kräfte kennen lernen und weiter entwickeln wollen. Viele sind in pädagogischen oder Heilberufen tätig, andere sind Führungskräfte oder Künstler, die über das persönliche bewusst Werden ihre kreativen Kräfte freisetzen wollen. Es kommen aber auch Menschen mit privaten Fragen, die einfach spüren, dass ein auf Leistung und Konsum ausgerichtetes Leben Sinn entleert ist. Die meisten suchen Klarheit über sich selbst, ihre mitmenschlichen Beziehungen und wollen ihre spezielle Lebensaufgabe erkennen. Einige von ihnen wissen bereits, dass der Weg zu sich selbst gleichzeitig der Weg zu Gott ist.

Themen von Rückführungen können so oder ähnlich gestellt werden:

Wieso wähle ich immer den falschen Partner?
Was bindet Person X und mich aneinander?

Was bedeutet mein Schuldgefühl gegenüber Person X?
Wieso fürchte ich mich davor, zu ertrinken?
Was hindert mich daran, zu sein, wie ich wirklich bin?

Meine Arbeit ist kein therapeutischer Prozess, weil ich weder einen Krankheitszustand diagnostiziere noch Symptome oder Krankheiten behandle. Die inneren Prozesse, die ich einleite, stellen ein gezieltes Training zur Aktivierung intuitiver Intelligenz dar.

Persönliche oder berufliche Konflikte werden mit zunehmender Fähigkeit, Intuition bewusst als Instrument der Erkenntnis zu benutzen, transparenter. Lösungen müssen nicht mehr gesucht werden, sondern sie drängen sich intuitiv auf.

Da ich meine intuitive Intelligenz durch über dreißig Jahre Meditationspraxis zu einem bewussten Instrument der Problemlösung entwickelt habe, kann ich diese Fähigkeit initiatorisch weitergeben. Der initiatorische Charakter meiner Interventionen besteht darin, die latente Intuition in einer Person meditativ anzusprechen und ihre Entwicklung zu stimulieren. Konkrete Impulse und Erklärungen ergänzen die initiatorische Kraft.

Von Platon wissen wir, dass er die Ideenwelt durch **innere Schau** erfahren hat. Dieser Weg ist aufgezeigt, aber es ist uns ungewohnt, ihn zu gehen. In den asiatischen Ländern, besonders in Indien, ist die Versenkung ins Innere als Erkenntnis- und Selbstverwirklichungsmethode üblich und ihre Bedeutung ist unbestritten.

Anders in der vom naturwissenschaftlichen Denken dominierten westlichen Kultur.

Die Naturwissenschaft kennt und akzeptiert nur die Beobachtung äußerer, physikalischer Phänomene. Sie zwingt uns auf dogmatische Weise, unsere Innenwelt zu verleugnen und unserer intuitiven Intelligenz zu misstrauen.

155

Das unmittelbare intuitive Erkennen ist bei kleinen Kindern veranlagt, es wird aber durch die einseitige Anregung des Verstandes zurückgedrängt und verliert im Laufe der zunehmenden Intellektualisierung durch staatliche Beschulung seine Funktionstüchtigkeit. Während der Intellekt forciert trainiert wird, bleibt Intuition eine latente Funktion, die sich nur gelegentlich bemerkbar macht. Daraus schließen Lehrer, Eltern und Kinder gleichermaßen falsch, dass es keine andere Strategie für Lernen und Problemlösung gäbe als das rationale Denken.

Der Verstand - die Ratio - eignet sich sicher hervorragend dazu, kulturelles Wissen zu erwerben und abrufbar zu machen. Wenn die Ansammlung von Wissen als Merkmal von Intelligenz gilt - das scheint wissenschaftlicher Konsens zu sein - dann ist der Verstand tatsächlich ein wunderbares Instrument für die Erreichung dieses Ziels. Intellektuelles Denken führt zum Erwerb und zur Nutzung verfügbaren Wissens - nicht aber zur Erkenntnisfähigkeit.

Erkenntnis ist die Fähigkeit, etwas durch Sehen, Hören und Fühlen unmittelbar einzusehen, ohne dass ein Denkprozess zum Verstehen nötig ist. Auf diese Weise arbeitet die Intuition. Sie fasst äußere und innere Bilder, Sinneseindrücke und Gefühle so prägnant in einer inneren Vision zusammen, dass Gesehenes und Gefühltes als unabweisbar wahr oder falsch erkannt wird.

Intuition ist eine synthetische Intelligenzleistung, die jeder kreativen Tat voraus geht. Aber Intuition ist auch das angemessene Instrument zur Lösung psychischer und sozialer Konflikte, die der analytische Verstand mit seinen Lösungsstrategien oft eher verschärft. Spirituelle Fragen lassen sich überhaupt nur auf intuitivem Wege klären. Denn ohne die Fähigkeit Allegorien durch Innere Schau fühlend zu erfassen, erschließt sich ihre Bedeutung nicht.

Im allgemeinen sind unsere Sinne, unser Wollen und Streben auf Geschehnisse in der materiellen Wirklichkeit ausgerichtet. Alle Dinge und Menschen um uns herum nehmen unsere Aufmerksamkeit so in Anspruch, dass uns innere Wirklichkeit selten bewusst wird. Innere Impulse werden oft erst dann beachtet, wenn sie die psychische und physische Schmerzgrenze erreichen. Dann beginnen wir, uns um innere Prozesse zu sorgen.

Der Weg zu sich selbst führt über eine zeitweilige Abwendung von der Welt und vom Mitmenschen. Das heißt nicht, alle äußeren Aktivitäten einzustellen und sich in die Einöde zurück zu ziehen. Es bedeutet aber: die Innere Welt wichtig zu nehmen und zu erkennen, dass Wahrheit und Weisheit nur im Inneren zu finden sind.

Die Entdeckung der Inneren Wirklichkeit erfolgt **durch Umlenken der Aufmerksamkeit von außen nach innen**. Wie geht das?

Die wichtigste Voraussetzung ist der definitive Entschluss:

Ich will mich erkennen.
Ich will meine Innere Welt entdecken.

Dieser Entschluss ist nur dann wirksam, wenn er sowohl gefühlsmäßig als auch gedanklich kraftvoll und sicher getroffen wird. Ohne diesen Entschluss bleiben die inneren Eindrücke vage, und die Person steht die Anstrengungen der Suche nach sich selbst nicht durch.

Der zweite Schritt ist die zeitweilige **Lösung von der Außenwelt**: Man muss lernen, sich den zwingenden Reizen von außen zu entziehen. Der westliche Mensch ist überreizt durch ununterbrochene Denktätigkeit. Seine Gedanken kreisen um vergangene, zukünftige oder mögliche Ereignisse. Er ist ständig mit Situationen oder Menschen seiner Umgebung beschäftigt, häufig ohne die Handlungen auszuführen, die er gedanklich projiziert. Oder er versucht, die äußere Wirklichkeit in die Schablonen seines Denkens zu zwingen.

Geistige Übungen wie Meditation, Wahrnehmungsschulung und Tiefenentspannung unterbrechen die zwanghafte Gedankentätigkeit und erreichen vorübergehend einen

Gedanken freien Bewusstseinszustand. Intellektuelle Persönlichkeiten lösen sich nur ungern von ihren abstrakten Vorstellungen und ihrer analytischen Denkhaltung. Sie sind oft unfähig, sich einer Erfahrung zu überlassen, ohne sie in Frage zu stellen, ihre Ursache oder Zweckmäßigkeit zu prüfen.

Das Tor zur Inneren Wirklichkeit öffnet sich jedoch nur für denjenigen, der sich vorbehaltlos einer Gefühlserfahrung anvertrauen kann. Wir dürfen den Prozess der Inwendung nicht durch eine kritische, prüfsüchtige Haltung stören. Das heißt nicht, dass alles, was wir im Inneren finden, bedenkenlos hingenommen werden sollte. Zu den Inhalten unseres Tiefenbewusstseins ist aber eine andere Einstellung notwendig als im Umgang mit äußeren Dingen und Situationen. Sie verlangt, dass wir die Haltung des neutralen Beobachters gegenüber uns selbst aufgeben und in die innere Erfahrungswelt eintauchen wie in die geheimnisvolle Welt eines Ozeans.

Dies ist eine notwendige Vorstufe zur Initiation und bedeutet:

Vertraue deinem Inneren!

Du bist die einzige Autorität in deinem Leben. Nur du selbst weißt alles über dich. Vertraue, dass dir dein Inneres Wissen zur Verfügung steht. Vertraue, dass du alle Antworten in dir findest, die du benötigst, um deine Schritte richtig zu lenken.

Während einer **Anleitung zur Tiefenentspannung** nehme ich meditativ Kontakt auf zum Inneren Wesen (Selbst) meines Klienten. Dadurch gelingt es mir oft schon in wenigen Sitzungen, Menschen an die erforderliche innere Haltung heran zu führen. Sie können für einige Zeit ihre übliche Gedankentätigkeit so reduzieren, dass sich das Tor zum Inneren öffnen lässt. Dabei sind sie jedoch so wach und bewusst, dass sie den Prozess jederzeit willentlich unterbrechen können.

Wenn ich Erinnerungen an Vorleben initiiere, setze ich voraus, dass alle persönlichen Erfahrungen in einer metaphysischen Dimension abgebildet sind, die im spirituellen Sprachgebrauch **Astralsphäre (seelische Welt)** genannt wird. Diese Dimension kann als ein Zwischenbereich aufgefasst werden zwischen der **Ideensphäre (geistige Welt)** und der objektiven, durch Sinne erfassbaren **physischen Realität (materielle Welt).** Es ist ein immaterieller Wirklichkeitsbereich, der verschiedene Erfahrungsmöglichkeiten umfasst. In jener Dimension bleiben alle jemals durchlebten Erfahrungen zeitlos und präsent wirksam.

In der **meditativen Versenkung** (Tiefenentspannung, keine Hypnose), die am Anfang einer Rückführung liegt, übernimmt die rechte Gehirnhemisphäre die steuernde Kontrolle, so dass das assoziative, symbolhafte Denken die rationale Logik vorübergehend ablöst. Meiner Erfahrung nach ist das Bewusstsein vom physischen Gehirn unabhängig und frei in Raum und Zeit beweglich. Das bedeutet: Bewusstsein kann sich im gedankenfreien Zustand von der Bindung an den physischen Träger - dem Gehirn - weitgehend lösen und sich in die Astralsphäre vertiefen. Der Fokus der Aufmerksamkeit wird nach meiner Anleitung gezielt verschoben, so dass eine Umpolung des Bewusstseins auf die Seelenwelt (Astralsphäre) geschieht.

Das **Zurückgehen in der Zeit** ist ein vom gewöhnlichen Erinnern sehr verschiedener Prozess. Es wird ähnlich erlebt wie das Eintauchen in die fremde Wirklichkeit eines Ozeans. Die zurückgeführte Person lernt, ihr Bewusstsein in eine parallele Dimension des Seins zu verschieben und erlebt dort eine unabhängig von Raum und Zeit existierende psychische Welt. Man kann diese Innenwelt auch als parallele Existenzebene auffassen. Erfahrungen in inneren Räumen folgen anderen Regeln und Gesetzen.

Wir überschreiten hier die Grenze unserer intellektuellen Möglichkeiten, denn in dieser anderen Realität nützt uns das analytische Denken nichts - es muss ein anderer, ein synthetischer Erkenntnisprozess erlernt werden.

Bei Rückführungen werden frühere Erlebnisse des gegenwärtigen Lebens oder früherer Leben aufgesucht und wie ein aktuelles Geschehen wieder erlebt. Dagegen werden im Intuitions-Training aktuelle Situationen aus dem persönlichen oder beruflichen Leben visionär betrachtet. Sowohl Visionen als auch Regressionen ermöglichen das Stimulieren intuitiver Erkenntnisfähigkeit. Jeder Teilnehmer wird von mir individuell angeleitet, seine Fragen in einer Weise zu klären, die seiner Konfliktlage entspricht.

Zu Beginn leite ich einen Teilnehmer an Rückführungen dazu an, einige Erfahrungen seiner Kindheit und der ersten Lebensjahre so plastisch wie möglich wieder zu erleben. Dabei achte ich besonders darauf, dass sinnliche Wahrnehmungen wie sehen, hören, fühlen, schmecken und riechen deutlich wahrgenommen und beschrieben werden, ebenso auch die inneren Gefühle und Einstellungen zu sich selbst und der Umgebung.

Wenn die **inneren Bilder** genau genug beschrieben werden und die Gefühlsbereitschaft vorhanden ist, führe ich das Bewusstsein des Teilnehmers zur Wahrnehmung seines vorgeburtlichen Zustands. Er fühlt sich im Mutterleib, beschreibt seine physischen Empfindungen und erfährt seine grundsätzliche Haltung zu seinem vor ihm liegenden Leben. Ich frage nach Eigenschaften, die er mitbringt, nach möglichen Lern- und Lebensaufgaben. Es kommen dazu oft überraschend definitive Aussagen, die den Betroffenen zutiefst anrühren und erschüttern. Er gewinnt eine klarere Orientierung über den Sinn seine Inkarnation und über seine Lernaufgaben.

Wenn Schwangerschaft und Geburt bewusst geworden sind, öffnet sich das Tor zu Rückerinnerungen an Vorleben und an Zustände zwischen den Inkarnationen sehr leicht. Persönliche Fragen und intensiv erlebte Gefühle sind die

Leitlinie, an der ich eine Person an die für sie wichtigen Situationen heranführe. Meist gelingen die ersten Rückerinnerungen an einzelne Szenen innerhalb er ersten vier Sitzungen. Danach entscheidet der Klient, ob und wie intensiv er seine innere Welt und sein Karma weiter erforschen will. Die Freisetzung tieferer lebensbestimmender Einsichten erfordert eine längere Schulung.

Rückführungen nach meiner Methode hat die grundsätzliche Erfahrung und Anerkennung der Wiedergeburt als Realität des menschlichen Lebens zum Ziel, nicht die Beseitigung körperlicher oder seelischer Krankheitssymptome. Es ist gleichermaßen ein Prozess des bewussten wieder Erkennens und der Identifikation des Bewusstseins mit Realitäten, die von der materiellen Welt aus gesehen rückwärts in der Zeit verloschen zu sein scheinen. Was wir als Vergangenheit definieren, bleibt in der inneren Realität zeitlose Gegenwart. Das gilt nicht nur für persönliche Erlebnisse; auch kollektive Prozesse bleiben außerhalb von Zeit und Raum auf einer Art immaterieller Festplatte gespeichert. Regressionen ermöglichen daher sowohl die Klärung persönlicher als auch allgemein menschlicher Fragen. Sie öffnen sowohl den Zugang zu kollektivpsychischen Bewusstseinsinhalten als auch zum kosmischen (universellen) Bewusstsein.

Rückführungen üben das Bewusstsein darin, die Fixierung auf den rationalen Denkprozess aufzugeben und einen anderen Bewusstseinsprozess zuzulassen, bei dem verstehen auf andere Weise geschieht. Der "Denker" wandelt sich zum "Erlebenden" anderer Bewusstseinsbereiche. In der Haltung des inneren Schauens und Fühlens durchreist er innere Bildwelten zunächst wie ein Tourist, der die Sprache nicht versteht. Meine Anleitungen und Fragen unterstützen ihn dabei, sich im Innenraum zurecht zu finden und die für ihn wichtigen Szenen aufzufinden. Indem er sich auf diese neue Erfahrung einlässt, wird er vertraut damit und allmählich öffnet sich ihm der Sinn innerer Bilder. Er kann jetzt aus Vorlebenserfahrungen Schlüsse ziehen, die ihm in dem vergangenen Leben nicht möglich waren.

Ich fördere besonders die **Erkenntnis der Dynamik von Schicksalsprozessen.** Meine Klienten sollen erkennen lernen, welche ihrer eigenen Entscheidungen ihren Lebensweg bestimmt haben. Wenn die essentielle Bedeutung einer Vorlebenserfahrung ins Bewusstsein integriert worden ist, löst sich die Bindung an die alte Situation auf und der Klient ist von ihrem Einfluss auf sein jetziges Leben befreit. Er hat jetzt die Chance, seine Haltung zu der behandelten Thematik zu verändern und seinen Lebensweg anders fort zu setzen.

In der psychischen Welt (Astralsphäre) begegnen dem Klienten aber noch andere Phänomene als Szenen seiner Vorleben. Dieser Bereich ist von mentalen und psychischen Bewusstseinsstrukturen erfüllt - sog. **Elementale.** Diese Elementale sind irreale Gebilde, die sich aus vielfältigen menschlichen Vorstellungen heraus historisch gebildet haben: aus Götter- und Dämonen-Vorstellungen, aus Gier, Neid, Missgunst, Sucht, Sex- und Gewalt-Phantasien u.ä. Sie agieren in der psychischen Welt, als wären sie lebendige Wesen, sind aber nur Schemen. Ihre eigenartige Erscheinungsweise macht Menschen zuweilen neugierig. Ihre faszinierende Fremdartigkeit verführt dazu, den Elementalen Beachtung zu schenken. Durch diese Beachtung kann eine Bindung an solche Schemen entstehen, die dann im Bewusstsein Eigenschaften und Impulse stimulieren, die dem jeweiligen Elemental eigen sind.
Hier besteht eine Gefahr für Personen, deren Willenskraft durch Missbrauch von Alkohol, Drogen, Medikamenten oder durch psychische Abhängigkeit von anderen Personen geschwächt ist. Auch psychisch gefährdete Personen aus dem Borderline Bereich (Grenzbereich zur Psychose) oder mit psychiatrischer Vorerkrankung können bei Rückführungen mit diesen Elementalen so nachhaltig

in Beziehung treten, dass Symptome auftauchen, die sich wie eine Psychose oder Besessenheit darstellen. Aus diesen Gründen empfehle ich vorbelasteten Personen keine Regressionen oder visionäre Bewusstseinsarbeit. Ich möchte hier auch darauf hinweisen, dass bei Gruppenrückführungen durch die Anwesenheit vieler psychisch ungeklärter Persönlichkeiten in einem Raum eine große Aktivität von Elementalen vorhanden ist.

Der von mir bereit gestellte Erfahrungsraum wird durch meine meditative Arbeit kontinuierlich von Elemental Energien gereinigt. Als zusätzlicher Schutz für meinen Klienten verbinde ich ihn im Versenkungszustand mit seinem Selbst, der inneren Wesensinstanz, die sein Inneres Wissen hütet. Dieses Innere Wesen ist an das universelle Urlicht, das wir Gott nennen, angeschlossen. Ich erinnere den Klienten an diese **Rückbindung (Religio)** und fordere ihn auf, sich dieser anzuvertrauen. Wenn ich weiß, dass ein Klient eine besondere spirituelle Beziehung pflegt, z.B. zu Christus, seinem Engel, einem Heiligen, spirituellen Meister oder anderen, verbinde ich mich meditativ mit dieser Instanz und bitte sie darum, den Erfahrungsprozess zu begleiten und zu unterstützen. Aufgrund dieser Rückverbindung findet die innere Reise in einem energetisch geschützten Raum statt und bringt nur jene inneren Bilder hervor, die vom Inneren Wesen frei gegeben werden.
Das schützt auch davor, von Bildern überflutet zu werden, für die die Seele des Klienten noch nicht reif ist. Sollte jemand sich dennoch während einer Rückführung unwohl oder überfordert fühlen, so kann er den Prozess jederzeit eigenständig unterbrechen. Die **Funktionsfähigkeit der Willenskraft und der Entscheidungsfähigkeit** über sich selbst ist ein wichtiges Kriterium für mich, mit jemandem kontinuierlich arbeiten zu können. Neigungen, sich mental oder psychisch von anderen abhängig zu machen, werden von mir nicht unterstützt. Mein Klient muss Bedeutsames von Unwichtigem, Wirkliches von Irrealem unterscheiden und sich entschieden vom Einfluss fremder Bewusstseins-

inhalte befreien lernen. Das gilt auch für die Fähigkeit, Erklärungen und Impulse von mir annehmen und ablehnen zu können.

Rückführungen beleben also eine zunächst verwirrende Vielfalt von Eindrücken, deren Regeln und Gesetze nicht sofort intellektuell verstanden werden. Die meisten der zurückgeführten Personen stellen jedoch sehr bald fest, dass sich die Eindrücke von selbst innerlich ordnen, wenn sie am Ende der Sitzung an das Innere Wesen zurück gegeben werden. Es stellen sich in den Tagen danach häufig klare Bedeutungszusammenhänge her, so dass sich ein befriedigendes Gefühl von Wahrhaftigkeit und innerer Gewissheit einstellt.

Anwendung der Intuition

In jedem inneren Erkenntnisprozess ist es erforderlich, Bedeutsames von Unwichtigem, Wirkliches von Irrealem zu unterscheiden und sich von dem Einfluss fremder Bewusstseinsinhalte frei zu halten. Eine kompetente Begleitung ist daher für innere Reisen sehr bedeutsam. Die **spirituelle Dimension des Lebens** wird in Schul- und Berufsbildung genauso konsequent ignoriert wie die intuitive Intelligenz. Diese Bewusstseinslücke ist bei Lehrern ebenso vorhanden wie bei Ärzten und Psychotherapeuten sowie bei allen Mitarbeitern in sozialen Berufsfeldern. Spirituelle Kompetenz fehlt offenbar sogar bei Pastoren und Priestern.

Die Wichtigkeit, die ich der **gezielten Anwendung intuitiver Intelligenz** und der Berücksichtigung spiritueller Erkenntnisse auch für die Lösung gesellschaftlicher Probleme beimesse, veranlasst mich, Intuitions-Training besonders mit Personen durchzuführen, die in sozialen Berufsfeldern arbeiten. Ich leite sie dazu an, berufliche Fragen visionär zu betrachten und intuitive Lösungen zu entwickeln.

Dafür habe ich eine spezielle Trainingsform des Bewusstseins entwickelt, die ich

Intuitions-Anwendungsmethode „I-AM"

genannt habe. Das Namenskürzel **I-AM = ICH BIN** zeigt das Ziel der meines Trainings an:

Selbsterkenntnis als Voraussetzung für Wirklichkeitserkenntnis.

I-AM = ICH BIN weißt auf den essentiellen Wesenskern des Menschen, sein göttliches Selbst hin, das verborgen hinter seiner äußeren Persönlichkeit, dem **Ego**, darauf wartet, sich zu offenbaren. Jemand, der sich mit seinem ICH-BIN Bewusstsein identifiziert, und von dort aus die Welt betrachtet, schließt Frieden mit sich selbst und trägt die Kraft des Friedens in die Welt. Das ist die Voraussetzung, um anderen so helfen zu können, wie sie es brauchen.

Anders als in psychotherapeutischen Prozessen ist in der spirituell orientierten Intuitions-Psychologie meditative **Lenkung des Bewusstseins** erforderlich. Empathie (akzeptierendes und analysierendes Einfühlen) genügt hier nicht. Die Lenkung des Bewusstseins ist ein sehr subtiler Vorgang, bei dem die Balance zwischen Führung und Verführung sorgfältig gehalten werden muss. Das ist nur dann möglich, wenn der Anleiter durch tiefe innere Selbstklärung gegangen ist und seine persönlichen Regungen aus dem Schulungsprozess heraus halten kann. Erst wenn er keine manipulierenden Impulse mehr in sich zulässt und dem Klienten erwartungsfrei begegnet, kann ein spiritueller Erkenntnisprozess initiiert werden. Macht- und Dominanzwünsche beim Trainer oder beim Übenden vereiteln spirituelle Erkenntnis gleichermaßen.
Eine Schulung des Bewusstseins nach meiner Methode zeigt Wege zur Selbstklärung auf und gibt Impulse zur Selbsterkenntnis und Wirklichkeitserkenntnis. Die Wahl des Weges liegt beim Klienten. Meine Interventionen stellen ein Angebot dar, sich selbst und alltägliche Situationen intuitiv-visionär zu betrachten. Durch Lenkung des Fokus seines Bewusstseins öffne ich ihm den Zugang zu seinem Inneren Wissen. Der Klient entscheidet, was er dort betrachten und klären will und wie weit er sich auf den Prozess einlassen möchte. Er ist und bleibt die einzige Autorität in seinem Erfahrungsprozess. Die Förderung der Unabhängigkeit seines freien Willens und seiner Unterscheidungsfähigkeit ist mein besonderes Anliegen.

Das **Training der Intuition** findet in zwei verschiedenen inneren Räumen statt. Die Klärung von psychischen Konflikten erfolgt in der seelischen Welt (Astralsphäre), Erkenntnisfragen werden in der geistigen Welt (Ideensphäre) geklärt.

Die Astralsphäre wird auch als **Bilderwelt** bezeichnet. Dort sind sinnliche Erfahrungen als Abbilder und/oder als allegorische Bilder gespeichert. Es ist vergleichbar mit Video-Aufzeichnungen bzw. mit programmierter virtueller Realität.

Die meditative Versenkung des Bewusstseins in diesen Bereich ermöglicht es, eigene Vorstellungen von sich selbst, anderen und/oder einer speziellen Situation als konkrete oder symbolische Szenerie zu betrachten. Wenn die intuitive Intelligenz aktiviert wird, findet ein überraschender Erkenntnis-Schritt statt, der durch rationale Logik nicht möglich ist. Auf diesem Wege können persönliche und soziale Fragen behandelt und innovativ gelöst werden.

Eine Begleiterscheinung des Trainings ist die Entwicklung der Fähigkeit, Symbole direkt zu erfassen - also ihre Bedeutung wie eine Sprache zu verstehen. Wer gelernt hat, auf diesem Wege innerer Schau seine Fragen zu lösen, versteht, was Hermann Hesse meinte als er schrieb:

Alles Wirkliche ist ein Gleichnis

Personen, die das Innere Schauen im Seelenraum erlernt haben, werden von mir in die spirituelle Welt, weiter geführt, in den Erfahrungsraum des reinen Geistes. Sie üben sich darin, ihr **Bewusstsein über die Körpergrenzen hinaus auszudehnen** und in die spirituelle Wirklichkeit einzutreten. In diesem Stadium ist die Entscheidung erforderlich, eine höhere Instanz - eine göttliche Intelligenz - über sich anzuerkennen und sich dieser zu unterstellen. Ohne diese Bereitschaft öffnet sich der spirituelle Raum dem Bewusstsein nicht. Es kommt jedoch nicht darauf an, wie diese göttliche Intelligenz verstanden wird. Sie kann als persönlicher Gott, Christus, Buddha, Allah, Brahman oder als unpersönliches Prinzip, Licht, Energie, Kraft angesehen werden. Wichtig ist, die Unterordnung unter diese Instanz anzuerkennen und innerlich zu bejahen.

In der geistigen Welt befinden wir uns - nach meiner Erkenntnis - in Platons **Ideensphäre**, die Urbilder - Ideen - aller erschaffenen Wesen und Dinge enthält . Sie ist belebt von geistigen Intelligenzen - Wesen, die als Lichtvibration existieren - die dem Menschenbewusstsein schöpferische Ideen übermitteln. Herkömmlich werden diese Geistwesen Genien oder Engel genannt. Wer unter meiner Anleitung lernt, sein Bewusstsein auf die Geisteswelt einzustellen, kann sich darin üben, mit jenen Intelligenzen in Verbindung zu treten und Ideen aus ihrer geistigen Sphäre zu empfangen. Diese Verbindung herzustellen ist besonders für schaffende Künstler von Bedeutung. Aber auch Forscher und Mediziner können wertvolle Impulse aus der geistigen Welt erhalten.

Durch geistige Schau und **spirituelle Kommunikation** findet der geistige Sucher Wahrheiten über universellen Lebensgesetze und beginnt, sie in seinem Leben zu berücksichtigen. Schließlich erfährt er schauend und fühlend, dass er mit dem universellen göttlichen Geist in Verbindung treten kann. Im wird schmerzhaft bewusst, dass sein Wesen ursprünglich von diesem Geist ausgegangen ist und sich durch Fixierung auf die materielle Welt davon abgetrennt hat. Dabei lernt er verstehen, dass er aus eigener Entscheidung diese Trennung vollzogen hat. Er spürt die Nähe des universellen Geistes - Gottes - so definitiv, dass er sich unwiderruflich berufen fühlt, zu seinem Ursprung in Gott zurück zu kehren. Dieses Streben gibt ihm Richtung, Ruhe und Zuversicht.

Allmählich wächst ein verstandesmäßiges Einordnen und Begreifen, wie geistige, seelische und körperliche Wirklichkeit zusammenspielen. Es beginnt eine sanfte Verschmelzung des intuitiven Bewusstseins mit dem rationalen Denken. Der Intellekt wird durch das **Innere Wissen** inspiriert und der Mensch beginnt, eine **Synthese** zwi-

schen seiner inneren und seiner äußeren Wirklichkeit an-
zustreben.

Wer auf diese Weise zu einer **persönlichen Gewissheit**
gefunden hat, ist nicht nur innerlich gewandelt. Auch seine
äußeren Gewohnheiten ändern sich oft überraschend
schnell, weil die inneren Einsichten als verbindlich emp-
funden werden. Häufig tritt das Bedürfnis auf, die eigene
Wohnung aufzuräumen und sich aller überflüssigen Dinge
zu entledigen. Die innere Ordnung verlangt nach Ausdruck
in der Welt.

Auf Angehörige wirkt die plötzliche Wandlung oft irritierend
und ängstigend. Wer eine ähnliche Erfahrung nicht selbst
gemacht hat, verschließt sich meist den erneuernden Im-
pulsen, die von einem geistig an sich arbeitenden Menschen ausgehen. Der Geistesschüler steht vor der Herausforderung, sein Inneres Wissen auf die alten äußeren
Strukturen abzustimmen. Das ist nicht einfach, aber daraus kann ein schöpferischer Prozess entstehen, der auch
für die ihn umgebende Welt innovativ und bereichernd ist.
Es ist die Berufung des geistigen Menschen, aus der spirituellen Welt Impulse für die äußere Lebensgestaltung zu
empfangen und sie als Mitschöpfer in der Welt zu verwirklichen. Wer dieses Stadium der Bewusstheit erreicht, hat
sich vom sozialen Menschen zum Engelmenschen gewandelt.

Das systematische Training intuitiver Intelligenz versetzt
uns also in die Lage, persönliche, gesellschaftliche und
kosmische Fragen spirituell-geistig zu lösen.

Die Art der Frage ist beliebig, sie kann sich auf innere
oder äußere Lebenskonflikte beziehen oder auf praktische
Fragen des Umgangs mit neuen Situationen, auf wissenschaftliche, technische oder wirtschaftliche Probleme oder
auf grundsätzliche ethische oder religiöse Lebensfragen.

Eine eindeutig formulierte Frage führt eher eine treffende
Erkenntnis herbei als eine allgemeine oder mehrdeutige

Frage. Deshalb ist es sehr wichtig, sich darüber klar zu werden, was man wirklich zu wissen wünscht.

Im folgenden Abschnitt versuche ich, den Prozess intuitiver Erkenntnis so zu beschreiben, wie ich ihn selbst erlebe und initiiere. Die Beschreibung hat ihre natürlichen Grenzen in der Tatsache, dass unsere Begriffsbildungen von Dingen der Außenwelt oder menschlichen Vorstellungen abgeleitet sind. Intuitive Erkenntnis ist aber ein Prozess, für den es im konkreten Leben keine Entsprechung gibt. Deshalb gibt es dafür auch kein geeignetes Vokabular. Ich bitte daher um Nachsicht mit Ungenauigkeiten in meiner Beschreibung.

Wenn die Frage klar gestellt ist, gehe ich in eine meditative Stille. Ich fühle eine feine Vibration, die von außerhalb meines Kopfes durch die Schädeldecke eintritt, durch die Kopfmitte fließt und sich im Brust- und Bauchraum ausbreitet. Mein Bewusstsein verbindet sich mit diesem Energiestrom und bewegt sich mit der Flussrichtung abwärts oder ihm aufwärts entgegen.

Die Thematik bestimmt darüber, auf welcher Ebene des Lichtstroms die Frage behandelt werden kann. Emotionale Themen werden auf der Herzebene (Herzchakra) betrachtet, mentale Fragen im Zentrum des Kopfes (3. Auge) und spirituelle Fragen im Überbewusstsein oberhalb der Schädeldecke (Lotos Chakra). Mein Bewusstsein zentriert sich auf der zuständigen Ebene und kommt dort zur Ruhe.

Mit einer Anrufung (Invokation) stelle ich eine Verbindung zur universellen göttlichen Intelligenz her. Dann nehme ich das Thema in den Fokus meiner Aufmerksamkeit und sende es als Frage oder Bild zur Quelle, aus der die mich durchfließende Vibration kommt. Wichtig ist dabei, die Gefühle zur Quelle des Lichts aufsteigen zu lassen, die mit dieser Frage verknüpft sind.

Nun löse ich mich von dem Thema und leere mein Bewusstsein auch von allen anderen Inhalten. Ich nehme eine passiv-empfangende Haltung ein und warte auf Impulse, die mir aus dem Lichtstrom entgegen kommen. Manchmal kommt die Antwort als Vision, manchmal als Idee - eine Art Geistesblitz. Manchmal bleibt es in meinem Bewusstsein leer, und der Impuls erreicht mich erst später. Oft habe ich den Eindruck, dass mein Bewusstsein nach der Meditation auf meine aktuelle Frage richtig eingestimmt ist. Es findet dann die Antwort in alltäglichen Situationen, so dass der Eindruck entsteht, dass ich sie zuvor nur übersehen hatte. Zuweilen empfinde ich das Bedürfnis, kurze Zeit zu schlafen und erwache mit einer passenden Antwort.

Philosophische und ethische Fragen lassen sich nur überzeugend lösen, wenn man das Bewusstsein über den Körper hinaus ausdehnt und der Quelle des Lichts entgegen strebt. Dieser Vorgang kann nicht erklärt, sondern nur initiiert werden. Einige meiner Schüler haben sich weitgehend von emotionalen und mentalen Blockaden befreit und sind deshalb in der Lage, diesen Prozess der Ausdehnung des Bewusstseins in den spirituellen Raum auszuführen. Ohne gründliche Selbsterkenntnisarbeit ist diese Erfahrung nicht möglich. Innere Unklarheit hält das Bewusstsein im Körper fest wie in einer verkorkten Flasche. Die Öffnung nach oben stellt eine Art Gnadenakt da, der, wie mir scheint, aus der geistigen Welt initiiert wird.
Wenn ich das Bewusstsein dorthin ausdehne, begegnen mir formlose Gestalten aus Licht, von denen eine überwältigende Liebe und Sanftmut ausgeht. Sie bieten Kommunikation von Geist zu Geist durch Vision und Dialog an. Alles, was dort visionär erscheint und geistig kommuniziert wird, berührt Geist und Herz gleichermaßen tief und hinterlässt oft einen Eindruck von schlichter aber erschütternder Wahrhaftigkeit.

Gelegentlich spreche ich während der Ausdehnung des Bewusstseins den Dialog laut aus und zeichne ihn auf Tonkassette auf. Die Abschrift einer solchen Aufzeichnung soll hier als Beispiel dienen. (s. Anhang : Spiritueller Dialog)

Nach einem Dialog dieser Art ziehe ich mein ausgedehntes Bewusstsein langsam und allmählich in die Körperlichkeit zurück. Der Wechsel der Bewusstseinsdimension ist eine seltsame Erfahrung. Zwar hat das Bewusstsein den Körper nicht verlassen, sondern ich habe nur den Fokus in eine andere Dimension verschoben, aber die körperliche Schwere wird mir erst nach und nach wieder bewusst. Es fühlt sich an wie aus einer sehr weiten Ferne zurück zu kehren.

Im ausgedehnten Bewusstsein gibt es kein Gefühl von ablaufender Zeit. Es ist ein Zustand von absoluter Gegenwärtigkeit. Bei Rückkehr in mein Alltagsbewusstsein wird mir allmählich das Gefühl von Zeit wieder bewusst. Es ist seltsam, zu erleben, wie der normale Denkprozess die überbewussten Erfahrungen vernebelt. Man spürt, dass die Erkenntnis, die soeben vollkommen klar und verständlich übermittelt und ins Bewusstsein aufgenommen wurde, plötzlich Irritationen auslöst. Der Verstand kann nicht sofort denken, was dem intuitiven Bewusstsein völlig klar ist. Beim Anhören und Abschreiben der Aufzeichnung, erlebe ich sowohl und Lesen, dass ich mit einem mir fremden Text zu tun habe. Formulierungsweise und Präzision der Darstellung ist mir im Tagesbewusstsein nicht vertraut. Ich erlebe, dass sich mir die Tiefe der Bedeutung erst allmählich, oft erst im Verlauf von Wochen oder Monaten erschließt. Und ich spüre eine gewisse Lähmung, wenn ich versuche, den Inhalt mit meinen Worten wieder zu geben. Er ist mir verständlich, aber er steht mir nicht wie eigenes Wissen sprachlich zur Verfügung.

Die Identität der Leuchtenden Wesen, die mir im geistigen Raum begegnen, kann ich nicht eindeutig bestimmen. Ich weiß nur, dass ich es mit Intelligenzen zu tun habe, die ruhig, sicher und weise auf mich wirken. Sie selbst sagen von sich, dass sie aus Lichtmaterie bestehen und im Geist der Einheit schwingen und wirken. Ihre Erscheinungsweise beschreiben sie als einen Spiralnebel aus Licht. Sie sagen, dass sie als Berater und Geistlehrer für Menschen tätig sind, die bereit und fähig sind, die Kommunikation von Geist zu Geist zu üben. Namen werden meist nicht genannt. Einige Schüler von mir hören Namen, doch es wird gesagt, dass sie nur Hilfsmittel für Menschen darstellen, die auf Namen nicht verzichten wollen. Es sind bloße Arbeitstitel für eine bestimmte Zeit und können zur Identifikation nicht nützen.

Ich verstehe diese geistigen Begegnungen als Versuch, die geistige mit der physischen Welt zu verbinden. Dabei kommt es anfangs weniger auf die Inhalte der Aussagen als auf die praktische Übung spiritueller Kommunikation und Erkenntnis an. Es wird von beiden Seiten an einer Brücke zwischen den Wirklichkeiten gebaut - was wir jenseits vorfinden und wie wir dies später interpretieren, wenn die Brücke stabil ist, müssen wir abwarten. Vielleicht erkennen wir dann die Identität der Wesen, die uns entgegen arbeiten - oder wir erkennen eines Tages, dass wir es selbst waren, mit dem wir im Dialog gestanden haben.
Der Suchende ist eigentlich immer nur auf der Suche nach sich selbst. Es ist wahrscheinlich, dass hinter jedem Menschen ein multidimensionales geistiges Wesen existiert, das uns im spirituellen Raum als Genius oder Engel begegnet. Ich vermute, dass sich dieser Genius jeweils in einer Gestalt offenbart, die mit der Glaubensorientierung des Menschen übereinstimmt. Es könnte also sein, dass alles, was wir in der physischen, seelischen, mentalen und geistigen Welt betrachten können, eine Spiegelung unseres multidimensionalen ICH BIN-Bewusstseins ist.
Die Weisen des Himalaya sagen daher zu allen Offenbarungen des Lebens:

Tat tvam asi - das bist du!

Erkenntnisreise vom Ego zum Selbst

Spirituelle Erkenntnis ist ein innerer **Reifungsprozess**, der die Bereitschaft zur Selbsterkenntnis und zur Wahrnehmung eigener Fehleinstellungen voraussetzt. Um spirituell zu erwachen ist die Einsicht erforderlich, dass wir als Menschen in einem Traum leben. Der Mensch träumt, er sei ein separates Ich, das in einer von ihm unabhängig existierenden Welt eigenständig handelt. Wir glauben, voneinander und von der Welt getrennt zu existieren und pflegen die Illusion, dass wir uns die Dinge der Welt aneignen und nach eigenem Ermessen nutzen können. Ego ist die Bezeichnung für den Ich-haften Menschen, der seine wirkliche Funktion in der universellen Ordnung vergessen hat und deshalb mit seinem Denken, Sprechen und Handeln störend in diese Ordnung eingreift. Dies Ego gestaltet das Schicksal und es ist das Ego, das durch viele Inkarnationen geht, bevor die Gesetze von Ursache und Wirkung (Karma) erkannt und verstanden werden.

Ein spiritueller Erkenntnisprozess bewirkt, dass der Mensch aus seinem Traum erwacht und erkennt, dass das Ego nicht seine wirkliche Natur ist, sondern das Produkt seines falschen Denkens über sich selbst und die Wirklichkeit. Aus falschem Denken entstehen schicksalsbestimmende Handlungen und ihre karmischen Rückwirkungen. Die Entlarvung des Ego und seiner Irrtümer führt zur Auflösung alter Fehler und setzt ihre karmische Wirkung außer Kraft.

Wiedergeburt wird nur so lange erlebt, wie die Aktivität des Ego-Bewusstseins dauert. Wird diese eingestellt und dem Selbst - dem Inneren Wesen - die Kontrolle über denken, fühlen und handeln überlassen, enden auch Karma erzeugende Impulse. Der vom Ego befreite Mensch identifiziert sich mit seinem leuchtenden Selbst, als das er von Gott erschaffen ist. Nun weiß der Mensch, dass er ein unsterbliches geistiges Wesen ist und dass nur sein Körper den Tod erleidet. Die Identifikation des Menschen mit dem

Selbst, seinem Lichtwesen, ist die Endstation seiner Reise vom Ego zum Selbst. Und es ist gleichzeitig der Beginn einer neuen Reise, auf der das Selbst seine schöpferische Kraft wieder entdeckt und universelle Lebensprinzipien in der Welt anwenden lernt.

Das Ende des Träumers ist der Anfang des Erwachten.

III. Teil

ANHANG

WER ist das menschliche ICH ? –
Wer (re-)inkarniert eigentlich ?

Spiritueller Dialog vom 22.10.2000

Anlass für den spirituellen Dialog war die Anfrage von Nothart Rohlfs, der mich im Oktober 2000 fragte, ob ich einen Vortrag auf den Konferenztagen Kassel 2001 zum Thema "Wer ist das menschliche Ich? - Wer (re-) inkarniert eigentlich?" halten könne.
Ich sagte zu und setzte mich kurze Zeit später zur Meditation und stellte diese Frage in den spirituellen Raum. Im ausgedehnten Bewusstseinszustand er hielt ich folgenden, direkt auf Kassette gesprochenen Text:

A: Menschlichkeit ist eine fiktive Idee des Menschen selbst über sich, befrachtet mit Vorstellungen des Nicht-Menschlichen und in Abgrenzung zu dem, was nicht menschlich oder in der evolutionären Reihe unter dem Menschen stehend angesehen wird.

Der Mensch sieht sich selbst in einer aufsteigenden Entwicklungsreihe vom Tier zum Menschen. Diese Vorstellung ist irrig! Sehr wohl ist der Mensch in seiner biologischen Da-Seinsweise dem tierischen Leben nahe. Doch ist Tierisches ein anderer Zustand als Menschliches Da-Sein.

Das Tier ist als Tier da - der Mensch ist als Mensch da.

Das Da-Sein bedeutet: Die Form des Menschen oder des Tieres darstellen. Mensch und Tier unterscheiden sich in ihrem Da-Sein, also in ihrer

Form des Da-Seins. Jede Form des Da-Seins findet ihren eigenen Ausdruck, ihre eigene Art der Erscheinung und der Erfahrung im Da-Sein.

Da-Sein ist Inkarnation.

Die Verkörperung ist der Ausdruck eines bestimmten Da-Seienden.
Das Da-Seiende gibt sich selbst eine Form und diese Form unterscheiden die Menschen als Mensch oder Tier. In der menschlichen Sicht ist die Form das Ausschlaggebende des Da-Seienden. Wie etwas in Erscheinung tritt, so wird es gesehen. Und so wie es gesehen wird, wird ihm sein Da-Seiendes widergespiegelt.

In dieser Widerspiegelung erkennt sich das Da-Seiende an und es sagt zu sich selbst : < So, wie ich gesehen werde : Das bin ich.> Und es tritt vor einen Spiegel und sagt zu sich selbst: < So, wie ich mich in dem Spiegel selbst sehe, das bin ich.>

Das Da-Seiende nimmt dann das, was von ihm gesehen wird, und das, was es selbst von sich sieht, als das an, was es ist. Hierin manifestiert sich eine Illusion des Seienden Selbst. Das Seiende hat eine Verwechslung mit dem erfahren, was es in die Erscheinung gebracht hat. Es verwechselt sich mit dem Schein seines Da-Seins. Diese Verwechslung des Da-Seienden mit dem, als was es gesehen wird und als das, wie es sich selbst sieht, nennt man den Menschen.

Der Mensch ist in dieser Sicht ein Irrtum.

Das Tier unterliegt diesem Irrtum nicht. Sehr wohl bringt das Tier sein Seiendes in das Da-Sein. Dem

180

Tier aber wird die Widerspiegelung dessen, wie es von anderen gesehen wird, nicht zu Bewusstsein gebracht. Das Tier sieht auch sich selbst nicht von außen. Das heißt, es erkennt sein Dasein nicht als ein Äußeres Sein an. Im Tier befindet sich das Sein, das sich seines Seins stärker bewusst ist als seines Da-Sein.

Der Mensch aber bewegt sich im Irrtum des Bewusstseins durch das von außen reflektierte Gewahrsein. Auf diesem Weg befindet sich das Sein, das sich in einem menschlichen Da-Sein in Erscheinung zu bringen versucht, in einer Sphäre des Irrtums. Es verstrickt sich in der Verwirrung zwischen Schein und Sein. Das Da-Sein ist die Scheinexistenz, die Erscheinung, die als das Sein missverstanden wird.

So ist der Mensch auf einen Irrweg geraten, der zu korrigieren ist.

Der Mensch ist das Sein, das sich im Schein verirrt - das Sein, dass sich in der Erscheinung verliert, und so sein Sein mit dem Schein verwechselt. Das Wesen, das sein Da-Sein hervorgebracht hat, das also die Gestaltung erzeugt hat, gewinnt mit dem Gewahrsein der Welt und dem Gewahrsein dessen, wie es gesehen wird, einerseits ein erweitertes Bewusstsein, das über das Bewusstsein des Tierwesens hinaus geht. Dieses erweiterte Bewusstsein birgt jedoch die Gefahr in sich, Erscheinung und Sein zu verwechseln und den Schein für das Sein zu nehmen.

Wenn der Schein für das Sein genommen wird, nennt man das ICH Ego.

Das Ego ist die Verwechslung des Seins mit der Erscheinung. Wenn das Wesen in das Gewahrsein seines Wesens zurückkehrt und das Da-Sein als Schein begreift, das es zwar in Erscheinung gebracht hat, das aber nicht seine Wirklichkeit darstellt, dann ist dieses ins Wesenhafte zurückgekehrte Ich kein Ego mehr, sondern ein Selbst.

Dies ist die Herausforderung des Menschseins, des Da-Sein in menschlicher Gestalt.

F: Wenn etwas wiedergeboren wird, was als ICH eine Individualität und ein Identitätsgefühl hat, was ist dann das, was wiedergeboren wird ?

A: Ins Da-Sein treten, eine Gestalt annehmen, ist gleichbedeutend mit dem Wort Inkarnation. Nennen wir es lieber Da-Sein. Das Da ist die Verkörperung.

Hier im Geiste gibt es kein Da-Sein, sondern nur Sein. Was im Geiste existiert ist Sein ohne Attribut und eigenschaftslos. Nicht in dem Sinne, dass Sein ohne Eigenschaften sei, sondern in dem Sinne, dass es alle Eigenschaften als Möglichkeiten beinhaltet, und darüber zu entscheiden hat, ob und welche dieser möglichen Eigenschaften in einer Gestalt ins Da-Sein gebracht werden.

Im Da-Sein können sich nicht alle möglichen Eigenschaften zur gleichen Zeit in Erscheinung bringen. Es muss eine Auswahl getroffen werden, welche Qualitäten in einer Gestalt ins Da-Sein gebracht werden. Die Entscheidung, welche Qualitäten ins Da-Sein gebracht werden, wird auf der Ebene des Geistes - im Zustand des reinen Seins - oder auch: der vollkommenen Möglichkeiten, getroffen.

Sobald diese Entscheidung getroffen ist, beginnt das Sein eine Manifestation der Qualitäten hervorzubringen, die als existierende Form in einer gewissen stofflichen Verdichtung in Erscheinung gebracht werden. Jener Zustand ist ein Zustand des Da-Seins oder, im Sprachgebrauch der Menschen: in der Verkörperung, in der Leiblichkeit, in der Inkarnation.

Die Qualitäten, die ausgewählt wurden, ins Da-Sein gebracht zu werden, manifestieren sich in einer dafür geeigneten Gestalt. Diese Gestalt kann tierisch, pflanzlich, menschlich, auch mineralisch sein. Wobei die Komplexität der Eigenschaften, die erwünschtermaßen in die Manifestation gebracht werden, eine gewisse Form nahe legen. So kann davon ausgegangen werden, dass die größte Komplexität des Da-Seienden in der menschlichen Form möglich ist. Dieses sei eingeschränkt gesagt für die Sphäre der irdischen Verkörperungen.

So sehen wir also, dass das Wesenhafte aus der Fülle seiner Eigenschaften, die als Möglichkeiten in seinem Sein existieren, eine individuelle Entscheidung trifft, welche Qualitäten in eine Verkörperung eingebracht werden. Bei dieser Entscheidung wird das Wesen von anderen Wesen mit Erfahrung oder Weitsicht beraten, unterstützt und gefördert. Die Manifestation der Eigenschaften in einem Da-Sein, in einem geeigneten Instrument oder Körper, existiert eine gewisse Weile, die von Menschen als Lebensspanne verstanden wird.

Vom Geistigen aus gesehen ist das jedoch nicht als Leben zu verstehen, sondern:

Leben ist die Essenz des Wesens selbst, dessen Teilqualitäten in die manifestierte Form eingegangen sind.

So, dass gesagt werden kann: Vom Geistigen aus gesehen ist nur ein Minimum des gesamten Lebens in die Verkörperung eingegangen und betätigt sich in einer stofflichen Form.

Das Zurückziehen dieses Lebens aus der Stofflichkeit, aus dem Da-Sein, das Zurückziehen dieser Qualitäten, dieser Wesenskraft oder Wesensaussendung, wird vom irdischen Standpunkt aus mit Tod bezeichnet. So kann gesagt werden, dass sich kein Wesen vollständig inkarniert und dass keines stirbt.

Weder stirbt das Wesen noch inkarniert es.

Das Wesen bleibt im Geistigen zentriert und schickt lediglich Teile seines lebendigen Seins in das Da-Sein in einer verfügbaren oder möglichen Form, um spezielle Qualitäten in Erscheinung zu bringen.

FRAGEN & ANTWORTEN
zum Thema Wiedergeburt

Wiedergeburt - Wahn oder Wirklichkeit?

Unter diesem Motto standen die internationalen PSI-Tage Basel 2000.
Ich habe als Referentin daran teilgenommen. Einige der im Tagungsverlauf behandelten Fragen habe ich im folgenden nach meinem derzeitigen Erkenntnisstand beantwortet.

FAKTEN

Welche Tatsachen legen Wiedergeburt nahe?

1. Die konkreten Aussagen von Kindern zu Vorleben.
2. Die seelische Erschütterung bei Rückerinnerungen und nachhaltige Erleichterung bzw. Gefühle der inneren Klärung.
3. Die innere Logik, die Rückerinnerungen mit den gegenwärtigen Ereignissen verknüpft.
4. Die Erinnerung von mindestens zwei verschiedenen Personen, die getrennt voneinander die gleiche Vorlebenssituation aus ihrer jeweiligen Perspektive beschreiben und dadurch die Situationsbeschreibung vervollständigen.
5. Plötzliche Verhaltensveränderungen, die auf Rückerinnerungen spontan und nachhaltig folgen.
6. Das eindeutige Identifikationsgefühl mit einer der Personen aus der erlebten Situation, wenn

willkürlich keine Perspektive einer anderen beteiligten Person eingenommen werden kann.
7. Die Erfahrung, dass der Ablauf der erlebten Situation nicht willkürlich anders gesehen werden kann.

Mit welchen Methoden sucht moderne Reinkarnationsforschung nach Anhaltspunkten dafür?

1. Fallsammlungen von Rückerinnerungen
2. Gruppen-Visionen zum gleichen Zeitabschnitt /zur gleichen Situation
3. Historische Recherchen nach Erinnerungsberichten
4. Vorschlag: Berichte von Rückerinnerungen parallel zu archäologischen und historischen Forschungen zu sammeln, die die gleiche Zeitspanne betreffen.

Können wir uns "zurückführen" lassen, wie Reinkarnationstherapeuten in Aussicht stellen?

Ja, wenn ein intensiv gefühltes Interesse besteht. Bloße Neugier oder überkritische Prüfsucht sind ungeeignete Haltungen, die inneres Wissen blockieren.

Sind "frühere Leben" hellsichtig zugänglich?

Es gibt visionäre Einblicke in vergangene Zeitabschnitte, die wenig konkret sind und den Fokus auf bestimmte Merkmale, Eigenschaften oder Fehlhandlungen richten.
Es ist auf diesem Wege zumeist nicht möglich, Details zu erfragen, die über allgemeine Aussagen zur Situation hinausgehen.
Gerade das aber ist bei Rückerinnerungen möglich.

Lassen sich die wahren Ursachen für Leiden durch Rückführungen in vorige Leben finden?

Es lassen sich Zusammenhänge finden zwischen Ereignissen in Vorleben und gegenwärtigen Erfahrungen, auch Leidenserfahrungen. Ich sehe darin aber keine Ursache in Form einer geradlinigen Verursachung.

Wahre Ursachen für Fehleinstellungen des Bewusstseins und daraus resultierenden Leidens muss man m. E. vor der ersten Inkarnation suchen. Es gibt wahrscheinlich ein Grundmuster falschen Denkens und Fühlens, das den Weg durch die Inkarnationen einleitet. Dieses Grundmuster wird in vielen Variationen während der Inkarnationswechsel wiederholt und führt zu Leidensprozessen.

Bei welchen Indikationen sind Rückführungen angezeigt?

1. Ich halte Rückführungen für sinnvoll bzw. notwendig,

   bei allen Personen, die in sozialen Berufen arbeiten, medizinische oder therapeutische Arbeit tun, sowie für Geistliche zur Erweiterung Ihres Lebens- und Leidensverständnisses,

   sowie für alle normal gesunden Personen, die den Sinn spezieller Lebenserfahrungen erfahren möchten,

   für alle Personen, die ihr eigenes Verhalten überprüfen und neu ausrichten wollen, für alle Personen, die Klarheit über Lebensprinzipien suchen, an denen sie sich spirituell orientieren können.

2. Rückführungen zum Zweck der Heilung eines Krankheitsbildes halte ich nur neben den üblichen medizinischen Maßnahmen für vertretbar und nur dann für indiziert, wenn die leidende Person bereits ahnungsweise einen Zusammenhang ihres Leidens mit Vorleben vermutet oder entsprechende Traumbilder oder Visionen dies nahe legen.

3. Rückführungen mit psychiatrisch erkrankten Personen, mit Drogen- und Alkohol Abhängigen sowie mit Borderlinern halte ich für unverantwortlich.

4. Bei chronisch physisch Kranken können Rückführungen durch Erfahrung von Sinn-Bezügen zu Vorleben erleichternd wirken. Zuweilen verschwinden einige Symptome nach Bewusstwerdung einer früheren Situation. In der Regel muss man aber sagen, dass vorhandene physische Defekte durch Rückführungen wahrscheinlich nicht remissieren.

5. Neurotisch erkrankte Personen können von Rückführungen profitieren, wenn ein intensiver und klarer Wille zur Veränderung der Persönlichkeit vorliegt. Bei indifferenter Einstellung werden Rückerinnerungen oft in den Dienst der Neurose gestellt.

Muss man an Wiedergeburt glauben, um sich darauf einzulassen?

Nein; eine neutrale Haltung, die Wiedergeburt als Möglichkeit zulässt, genügt. Skeptischer Widerstand verschließt das Tor zur Wahrnehmung des Inneren Wissens.

Wie lange dauert eine Sequenz von Rückführungen?

Bei meiner Arbeitsweise mind. 4 Sitzungen a 90 Minuten.

Welche Risiken gibt es?

1. Rückerinnerungen setzen weiteren Klärungsbedarf in Gang. Unvollständige Erinnerungen belasten mehr als keine Rückerinnerung. Vorübergehende Symptom-Verstärkung ist daher möglich.

2. Partielle Rückerinnerungen können zum Anlass genommen werden, die eigene Bedeutung zu überschätzen oder eine Karma-Last zu phantasieren, die nicht wirklich existiert.

3. Bei unsorgfältiger Rückführung können Borderliner von Bilder-Fluten verfolgt werden und in eine Psychose gehen.

4. Alte Drogen-/bzw. Alkoholprobleme werden vorübergehen aktiviert und können Rückfälle provozieren.

Wie geht man bei Rückführungen vor?

1. Vorbesprechung der Themenstellung.
2. Einleitung einer Tiefenentspannung.
3. Führung des Bewusstseins in den seelischen Innenraum.
4. Verbindung zum Inneren Wesen / Selbst herstellen.
5. Rückführung in frühere Lebensstadien:

Jugend / Kindheit / Geburt / Schwangerschaft / Empfängnis / Vorleben, die mit der zu klärenden Thematik verbunden sind.
6. Fragende Begleitung durch eine Szene.
7. Aktivierung der Gefühlsfähigkeit.
8. Intervention zur Klärung der Bedeutung der Szene.
9. Verankerung der Einsicht in das Selbst und Einordnung in die Gesamterfahrung.
10. Beauftragung des Selbst zur weiteren Klärung.
11. Hinführung des Bewusstseins in die aktuelle Zeit und Wiederherstellung der Verbindung zum gegenwärtigen Körper.
12. Abschlussbesprechung der Einsichten

Was wird bei Rückführungen gesehen und erlebt?

Visionen:
Optisch, akustisch, riechend, schmeckend, spürend, empfindend, schmerzend, farbig, Hell/Dunkel-Eindrücke.

Erfragt werden:
- männlich/weiblich/Lebensalter
- Innen/Außenraum, direkte Umgebung,
- Tageszeit, Klima
- Mobiliar, Gerätschaften
- anwesende Personen und Tiere
- eigene Kleidung, Schuhwerk und die der Anwesenden
- Gestik, Mimik der beteiligten Personen
- gerade vollzogene Tätigkeit, aktuelles Geschehen
- Wer tut was? Was wird gesprochen ? Wer will was?
- Was ist in der Situation wichtig im Bezug auf das Thema?

Was legt die Vermutung nahe, dass Reinkarnations-Erinnerungen authentisch und weder phantasiert noch hellsichtig gelesen sind oder aus anderen konkreten oder mythischen Quellen stammen (Suggestion, Besessenheit)?

1. Die subjektive Gewissheit der erlebenden Person.
2. Die beobachtbare Intensität und Authentizität ihres Erlebens, einschließlich dramatischer Schmerzen und Erschütterungen.
3. Die sinnhafte Einordnung des Erlebnisses in die Gesamtpersönlichkeit und ihre Lebenserfahrungen mit folgender Erleichterung und Verhaltensänderung der Person.
4. Parallele Erlebnisse mehrerer Personen, die eine Szenerie aus verschiedenen Perspektiven beschreiben, die nur miteinander ein sinnvolles Geschehen erkennen lassen.
5. Reaktionen von Mitmenschen auf den Erkenntnisprozess, die daran beteiligt waren, ohne von dem Prozess zu wissen, z.B. die eignen Kinder.
6. Die Beschreibung und Benennung altertümlicher Gerätschaften, Bekleidungen und Gewohnheiten, die gegenwärtig unüblich sind.
7. Beschreibung von Fähigkeiten und Fertigkeiten, die im gegenwärtigen Leben nicht gelernt und beherrscht werden.

Was ist die Persönlichkeit und was ist seine Funktion?

Persönlichkeit (auch: EGO) ist die zeitliche Manifestation eines Wesens in einem Körper. Sie aktiviert in einer Lebensspanne einen eingeschränkten Teil ihrer gesamten Wesenseigenschaften, um mit diesen Erfahrungen zu sammeln.

Die Persönlichkeit kehrt nach dem körperlichen Tod in das Wesen zurück und reichert dieses mit der Lebenserfahrung an.

Was ist das Selbst und was ist seine Funktion?

Das Selbst ist das überzeitlich existierende Wesen, das einen Teil von sich in einen körperlichen Zustand schickt. Das Wesen bleibt im Hintergrund aktiv und stellt eine Art Schutzgeist für die Persönlichkeit dar. Das Selbst überlässt der Persönlichkeit - dem Ego - in großem Maße die Entscheidungen über ihre Aktivitäten. Aus ihnen ergeben sich die Erfahrungen mit Karma und Wiedergeburt.

Was ist zwischen Tod und Wiedergeburt?

Ein formloser Zustand, zuweilen auch ein Zustand in Körper-ähnlicher, feinstofflicher Form. In diesem klingt der psychische Zustand nach, in dem der Mensch gestorben ist. Er verbleibt in einer ihn umgebenden Atmosphäre, die seine Gefühle geschaffen haben. Wenn sich die Energie dieser Gefühlskräfte verbraucht hat, tritt Beruhigung ein. Ruhe und Kraft werden gesammelt und eine Art Erkenntnisgewinn aus dem gerade beendeten Leben gezogen. Es erfolgt manchmal eine Beratung und/oder Unterweisung körperloser Lichtwesen, die Möglichkeiten weiterer Entwicklung aufzeigen. Vor einer Wiedergeburt entscheidet das Wesen sich für einen geeigneten Zeitpunkt, Ort oder für seine neuen Eltern.

Welche Effekte treten bei Rückführungen auf?

1. Versunkenheit des Bewusstseins in innere Tiefen und Weiten mit dem Gefühl, weit weg zu sein, Gefühl von Zeitlosigkeit.

2. Weitgehender Verlust des aktuellen Körpergefühls und der Raum-Eindrücke.
3. Sehr leise Sprache, Einfachheit im sprachlichen Ausdruck, Verwendung unbekannter Sprachformen, Namen, fremdsprachliche oder altertümliche Ausdrücke
4. Artikulationsprobleme wie bei Ungebildeten, Kranken, Debilen.
5. Besonders starke emotionale und körperliche Reaktionen.
6. Verwirrung über den Fragenden: Was willst du von mir ? Wer bist du? Ich darf nichts verraten...., darüber spricht man nicht!
7. Drastische physische und psychische Zustandsveränderungen begleitend zur geschilderten Szenerie wie: Veränderte Mimik, Atemnot, Sprachverlust, Hörschwäche, Spastik, Zeichensprache, Geburtswehen, Geburt, Sterben, sexuelle Erregungen, physische Abwehr bei Angriff, Missbrauch, Tötung, Ekel, Würgen, Spucken.

Welche Effekte treten nach Rückführungen auf ?

1. Allmähliches Zurückkehren und langsame Wiederherstellung des Gegenwartsbewusstseins.
2. Das Gefühl, dass kaum Zeit vergangen ist.
3. Nachwirken der Eindrücke mit deutlicher Gefühlsbetroffenheit.
4. Assoziative Gedankenflut mit Bezügen zur Gegenwart, Wiedererkennen der Personen in diesem Leben.
5. Aha-Erlebnis, etwas Aktuelles bekommt Sinn, Erleichterung.
6. Physische Anstrengung und Erschöpfung in den nächsten Stunden, Schlafbedürfnis.

7. Gleichzeitig psychische Erleichterung, ungewöhnliche Freude, Gefühl von Klarheit und Offenheit. Alles wirkt intensiver.
8. Später eintretendes Gefühl besonderer Entspannung, verbesserte Schlaftiefe, starkes Traumleben.
9. Einzelheiten treten allmählich ins Bewusstsein, sowie das definitive Gefühl: Es ist geklärt /oder es fehlt noch etwas Wichtiges.
10. Erfahrung von: Ich konnte mich bisher nicht verstehen - jetzt weiß ich, warum ich so bin, warum ich so handle. Alles ist plötzlich sinnvoll und durchsichtig.

Welches Ziel - welchen Nutzen haben Rückerinnerungen?

1. Verfügung über das eigene Innere Wissen.
2. Erkennen der inneren Logik, die sich durch den Schicksalsverlauf zieht.
3. Übernahme der Verantwortung für eigenes Denken, Fühlen, Entscheiden und Handeln.
4. Klärung der Identität der Person mit dem Wesen/Selbst.
5. Aktivierung intuitiver Erkenntnisfähigkeit.
6. Einsicht in übergeordnete Lebensgesetzmäßigkeiten, Klärung religiöser Einstellungen.
7. Rückverbindung (Religio) zur universellen Ordnung /Quelle/Gott.
8. Ausrichtung auf ein kosmisches/universelles Bewusstsein.

Was bedeutet eine Rückerinnerung für Gegenwart und Zukunft?

Akzeptanz der Schicksalsverantwortung und Neuausrichtung auf der Grundlage der gewonnenen Einsicht.

Ausweitung der Zeit / Befreiung von der Fixierung auf Endlichkeit.

Wie ist Karma zu verstehen und wie kann es gelöst werden?

Karma bedeutet : Gesetz Ursache und Wirkung also : Was ich bewirke - wirkt auf mich zurück. Ich bin Ursache und Wirkung meiner Erfahrungen. Ursache = Impuls > Gedanken, Wünsche, Wollen, Gefühle, Entscheidungen.
Wirkungen = Folge > Situationen, die mir begegnen.

Mitmenschen vollziehen Handlungen, die ich durch meine inneren und äußeren Haltungen begünstige. Es gibt keine eigenmächtigen Wirkungen anderer auf mich.

Lösung: Erkenntnis der inneren Folgerichtigkeit, Anerkennung der eigenen Anteile an der Situation, Entschluss zur Haltungsänderung, Einübung und Kontrolle des neuen Verhaltens. Stetige Bemühung um Selbsterkenntnis. Meditation und Gebet zur Unterstützung.

Wie stabil sind die erzielten Erfolge?

Leben ist dynamisch, nicht stabil.

Einsichten verändern die Situation nur, wenn große Motivation zur stetigen Selbsterkenntnis vorliegt. Selbsterkenntnis-Prozesse werfen beständig neue Themen auf. Dadurch ergibt sich ein kontinuierlicher Erfahrungs- und Veränderungsprozess, der mit der Rückführung nur eingeleitet wird. Fernziel ist, Lebensweisheit und Liebesfähigkeit zu erreichen.

Rückführungen zur Symptom-Behandlung sind nicht sinnvoll, da sie eine Dynamik in Gang setzen, die über die Krankheitsbedeutung weit hinaus gehen. Rückführungen führen zu einer völlig veränderten Lebenseinstellung, die alle persönlichen und familiären Umstände betrifft. Widerstände gegen notwendige Veränderungen der Lebensumstände führen zu Blockierungen des gesamten Bewusstseinssystems. Das ist schädlicher als auf Rückführungen zu verzichten.

Was zeichnet seriöse Rückführer aus und wie findet man sie?

1. Qualifizierte Ausbildung und eigene Karma-Klärung.
2. 5-7 Jahre Meditationspraxis.
3. Einzel-Sitzungen
4. Sorgfältige Erklärungen des Prozesses.
5. Symbolkenntnis und Deutungsfähigkeit.
6. Systematisch-führendes Vorgehen bei Rückführungen. Klare Fragen und Aussagen, sanfte Freundlichkeit und Sicherheit, ohne Unterwerfung zu fordern, keine aufdringlichen Suggestionen, keine magischen Rituale.
7. Ausgewogenes Verhalten zwischen Distanz und Nähe.
8. Angemessene Honorarforderungen (Billig sind nur Laien und Personen, die den Klienten mit persönlichen Erwartungen und Problemen belasten.)
9. Das Personal in Spirituellen Fachbuchhandlungen kennt i.a. seriöse Rückführer.

ERKLÄRUNG

Ist Reinkarnation wirklich die beste Theorie, um jene Phänomene verständlich zu machen, die sie nahezulegen scheinen?

Es ist die naheliegende Annahme, weil die Erlebenden es so als wahr ansehen. Der Zweifel ist ein methodisches Instrument für wissenschaftliche Forschung und gerichtliche Prüfung. Im persönlichen Leben ist der Zweifel eine zerstörerische Kraft, die den Menschen psycho-mental spaltet und ihn von der Quelle seines Inneren Wissens abschneidet.

Welche Art von "Wiederkehr" legen die Phänomene nahe?

Das ewige Innere Wesen (Selbst) erschafft sich wiederholt zeitliche Persönlichkeiten, die bestimmte Welterfahrungen durchlaufen.

Ist Wiedergeburt möglich - was reinkarniert?

Ein Wesensteil - Ego/Persönlichkeit genannt - manifestiert sich in verschiedenen Körpern.

Welchen Gesetzmäßigkeiten unterliegt Wiedergeburt?

Wahl, Wille, Wunsch, Entscheidung, Notwendigkeit

Welche alternativen Erklärungen gibt es - wie plausibel sind sie?

Es gibt nur Vermutungen, keine Beweise für andere Interpretationen der Phänomene. Es kann nicht verlangt werden, dass Reinkarnation bewiesen wird, weil auch die Behauptung, es gäbe für jeden nur ein Leben, nur eine Grundannahme ist, die auch nicht bewiesen werden kann. Alle sonstigen alternativen Interpretationen sind ebenfalls nicht bewiesen. Daher kann man die vorläufige Annahme von Wiedergeburt durchaus rechtfertigen.

Wie verträgt sich der Reinkarnationsgedanke mit dem christlichen Weltbild?

Wie verträgt sich das Dogma der Großkirchen mit Erinnerungen vieler Zehntausend westlicher Menschen an ihre Vorleben?

Kirchen-christliches Denken ist Erfahrungs-Vermeidungs-Denken. Es ruht sich auf Erfahrungen eines Wesens von vor 2000 Jahren aus, das einmalig und endgültig alle Christen im voraus von ihren schicksalsbestimmenden Handlungen erlöst haben soll. Das Dogma vereitelt Selbsterkenntnis und Selbstklärung durch die Behauptung, dass Erlösung bereits erfolgt ist. Was, wenn dies ein Irrtum wäre? Welche Verantwortung!

SINN

Falls wir inkarnieren, wozu überhaupt?

Aus freier Wahl und zum Zweck der Erprobung und Ausgestaltung von Eigenschaften und Einsichtsfähigkeit. Auch zwangsläufig zur Berichtigung von Fehleinstellungen und individueller Unreife.

Verbindet ein "Karma" die verschiedenen Leben?

Vermutlich ja, in Form einer Folgerichtigkeit von Impuls und Wirkung, nicht in Form von Urteil und Strafe.

Lösen die Wiedergeburtslehren unsere Sinnfragen oder werfen sie neue auf?

Sie lösen sich nur für denjenigen, der sich erinnert und seine Sinnbezüge findet.

Welche Bedeutung hat die Reinkarnationslehre auf die Werte und Moralvorstellungen, auf die Ausrichtung unseres Denkens, Fühlens und Handelns?

Sie verpflichtet den Menschen, sein Denken, Fühlen, Urteilen, Entscheiden und Handeln vor seinem Selbst und Gott zu verantworten und achtsam mit sich und anderen umzugehen.

Das Konzept der Zeit – die Erfahrung der Zeitlosigkeit.

Zeit existiert nur als Bewegung eines Körpers durch den Raum. Bewusstsein existiert sowohl in Korrelation zum Körper als auch davon unabhängig.
Wenn Bewusstsein auf Körperbewegung fixiert wird, erfährt es einen Zustand, der als Zeitverlauf definiert ist. Das von Körperfixierung befreite Bewusstsein, erfährt einen Zustand von zeitloser Gegenwärtigkeit.

Die Antagonisten Geist (Bewusstsein) und Stoff (Materie)

Geist ist eine wahrnehmende, im universellen Raum frei schwebende Intelligenz, die formlos gegenwärtig ist und sich punktuell zentrieren und auch unbegrenzt in den Raum ausdehnen kann. Sie/Er ist eine bewegende Impulskraft, die Ideen in den Raum setzt, die sich als Licht-Klang-Farb-Wellen durch den Raum bewegen.

Stoff ist der Kristallisations-Zustand einer als Licht-Klang-Farb-Welle fast zum Stillstand gekommenen Idee, die ihre Bewegung durch den Raum nicht weiter fortsetzen kann. Die im Stofflichen gefangene Idee hat sich vom Ursprung des sie denkenden Bewusstseins weit möglichst entfernt.

Weitere Veröffentlichung der Autorin:

Petra Angelika Peick

Der Weg zum Inneren Wissen

**Anleitung und Übungen zur
Selbstverwirklichung**

Verlag „Die Silberschnur"

ISBN 3-923 781-57-1

Dieses in seiner Weise wohl einzigartige Buch gibt dem Leser die Möglichkeit, anhand der Anleitungen und Übungen Schritt für Schritt zu seiner eigenen Mitte zu finden, zu seinem göttlichen Selbst.

Verlag „Die Silberschnur"